図解

ヤバいほど使える！黒い心理学

樺旦純 *Wataru Kanba*

PHP研究所

はじめに

エリートコースを歩み、愛する人と幸せな家庭を築き、何不自由ない安定した生活を過ごしている人がいます。しかし、そんな人たちでも新興宗教や、キャッチセールス、霊感商法などにいとも簡単にひっかかってしまいます。

または、ある会社に就職し、「転勤は絶対ない」と上司から言われてそう思い込んでいたのに、突然会社から、遠く離れた土地へ転勤命令を出され「会社に騙された」と嘆いている人もいます。

そういう人たちを、「心にスキがあったからだ。自業自得だ」と簡単にかたづけてしまうことはできません。

どうすれば私たちは周囲から入ってくる情報を客観的に分析し、何事にも、思い込まない、騙されない考え方ができるのでしょうか。

本書では、騙されない心、とらわれない心、思い込みによるさまざまなケースについて心理学の視点から述べていきたいと思います。その際に、詐欺師たちが、人間の心の働きをいかに利用して人を騙すかという例も紹介します。

タイトルにある「黒い心理学」という言葉を見ると、なんとなく悪いこと、というイメージを抱く方もいるかもしれません。

しかし、本書で詐欺師の手口や心のワナにかからないための心理法則を紹介するのは、悪意をもって人を騙すためではありません。人の心の弱い部分を巧妙についた騙しのワナが溢れている現代社会で、それを学ぶことで自分の身を守ること、騙されないことに役立てるためです。

また人間の心の働きをうまく利用した人を操る方法は、正しく使えば人間関係を円滑にするコミュニケーションにも有効です。お世辞や建て前、嘘を磨くことで、ストレスの少ない日常生活を送ることができます。

どんな知識も使い方次第で、毒に薬にもなります。ぜひ本書を騙されないための転ばぬ先の杖として、人間関係の潤滑油として使ってもらえたら幸いです。

樺 旦純

ヤバいほど使える！ 黒い心理学◎目次

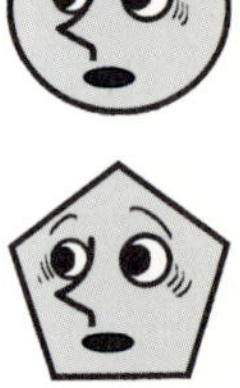

第2章 思わず買っちゃう!? 巧みなビジネス・テクニック

第3章 こうしてあなたも騙される

第4章 男と女はいつも「騙しあい」

プロローグ

なぜ人は騙されるのか？

01 人は、誰でも騙される素質を持っている

騙される原因は「欲望」

人間が騙される第一の原因は、私たちが必ず持っている「欲望」である。人間は誰でも何らかの欲望を持っている。アメリカの心理学者アブラハム・マズローは、人の持つ欲求を次の五つの段階に分けた。

●第一段階＝**食欲・性欲・睡眠欲**などの「生理的欲求」

●第二段階＝**天変地異などから自分の身を守ろうとする**「安全への欲求」

●第三段階＝**集団への帰属や、愛情や友情を求める**「所属と愛の欲求」

●第四段階＝**人から認められたい、自尊心を満足させたい**という「承認の欲求」

●第五段階＝**自分の可能性を実現したい**という「自己実現の欲求」

「もっと金持ちになりたい」「美しくなりたい」「女にもてたい」——そんな欲求が強ければ強いほど、騙されやすいのである。

心の奥に潜んでいる欲求に注意

とはいえ、それらの欲求は特別なものではない。誰もが少しは持っているものだ。ふだんは意識していないのに、心の奥に潜んでいる欲求もある。そこにつけ込むのがプロの詐欺師なのだ。

騙される原因は欲求だけではない。他にも、単に知識が不足しているという場合、ついつい同情心をそそられてしまった場合、絶対だいじょうぶだと信じてしまった場合などがあげられる。

こう考えると、年齢・性別・社会的地位・性格を問わず、どんな人にも必ず騙される可能性があるということが、改めてわかるだろう。

「そんなのは他人ごと。私は絶対に騙されない」などと思っている人こそ、実は危険なのだ。

〈誰もが持っている「欲求」に注意〉

マズローの欲求段階

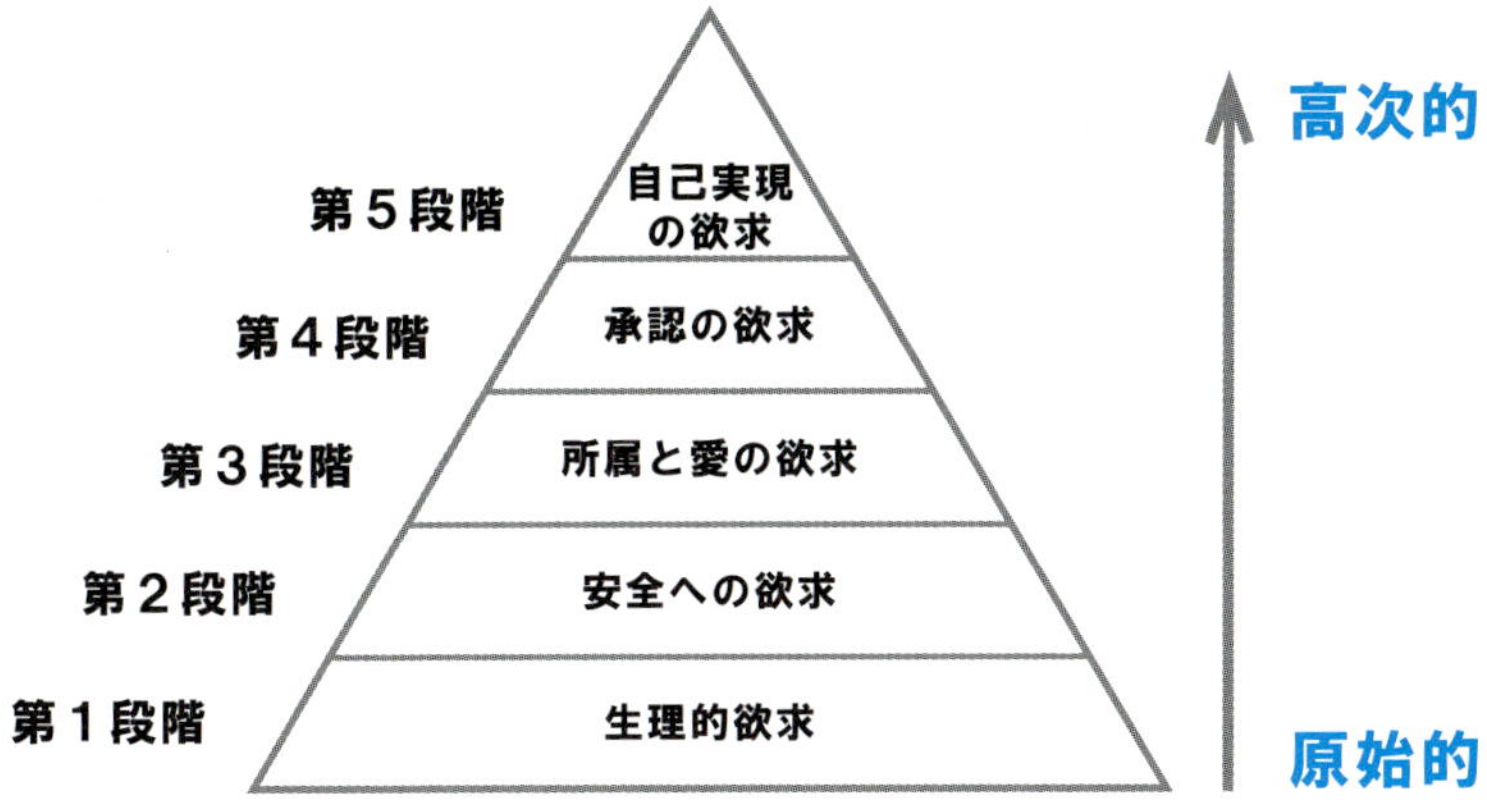

自分は大丈夫！ と決して思わないこと

02 騙されやすいタイプは、ズバリこんな人

「頭のいい人」が騙されやすいワケ

誰でも騙されるとはいえ、騙されやすいタイプというのは、やはり存在する。いくつか例をあげよう。

まず、当然のことながら「お人好し」タイプは騙されやすい。他人を疑うことを知らず、困っている人を見れば自分の犠牲をかえりみずに助けずにはいられない。情に訴える寸借詐欺や大義名分を掲げたインチキ募金などには最もひっかかりやすいタイプであろう。

頭のいい人も一般に騙されやすい。というより、自分は頭がいいと思っている人は、と言い換えたほうがいいかもしれない。彼らは、まさか自分が騙されるなどとは予想だにしていない。その自信過剰につけ込まれたときに、見事に騙されてしまうのだ。

狙われているのは、こんな人!?

いわゆるケチな人も、実は騙されやすい。何十年も貯め込んできた虎の子をすべて持って行かれたという例は枚挙にいとまがないであろう。**なぜあんなケチが大金をつぎ込んだのか……などと不思議に思うが、もともと金を貯めようという欲求があるからオイシイ利殖法等には関心が高いのである。**そして、「もっと殖《ふ》やしましょう」というふうにつけ込まれやすい。また、詐欺師はこういった小金持ちをかぎつける天才的な能力を持っているようだ。狙われやすいため、騙される確率が高くなるのである。

また、虚栄心の強い人、すなわち見栄っ張りも騙されやすいタイプである。このタイプは自分を立ててくれる相手、自分に優越感を抱かせてくれる相手に弱い。

また、孤独をひどく恐れていて、つねに自分を受け入れてくれる相手を欲しがっている。つまり確固とした自分というものがなく、他人に影響されやすい。自分を受け入れてくれる詐欺師をいい人だと思ってしまい、話に乗ってしまうのである。

〈こんな人が狙われる!?〉

「お人好し」タイプ

・困っている人を見捨てられない
・自分の犠牲を厭《いと》わない

「頭のいい」タイプ

・ダマされると思ってもいない
・自信過剰

「ケチ」タイプ

・私腹を肥やしたい
・あわよくば貯金を殖やしたい

当てはまる人は、特に気をつけよう

03

私たちは騙されやすい時代に生きている

「孤独」を感じている人を詐欺師は狙う

こうして見ると「私は騙されない」などと言える人はいないことを、理解していただけたのではないだろうか。さらに悪いことに、私たちが今生きている時代そのものが、詐欺にひっかかりやすい雰囲気を醸《かも》し出していると言える。

一つには現代人の孤独があげられる。携帯電話やSNSで、人類史上かつてないほど四六時中「つながってる」時代に生きているにもかかわらず、「無縁社会」「孤独死」というキーワードが叫ばれるように、人々は強烈な「孤独」を感じているのが現実なのだ。

人間は本能的には孤独を不安に思うもの。そんな心の葛藤につけ込んで、詐欺師は親しげに接触してくる。孤独感を癒そうと、インチキな占いや新興宗教に走ってしまう者は多い。

もちろん、若者だけではなく、高齢者や専業主婦、高齢の独身女性など、現代ならではの孤独を感じている層が、「やさしい」詐欺師たちのターゲットになっているのも間違いない。

現代は漠然とした不安を抱えやすい

孤独とも関係があるが、現代というのは、自分がどんな人間なのかという証《あかし》、すなわちアイデンティティを確立しにくい時代である。かつては親子の関係や、教師と生徒の関係、国家と国民の関係など、比較的確固たるシステムが存在した。しかし、現代ではいずれもあやふやになってきており、自分が本当はどんな人間なのか、明確なイメージを持つことができないことが多い。

このような状態では人の心はきわめて不安を感じやすくなる。そうした社会そのものに馴染《なじ》めず、漠然とした不安を抱えた迷いの状態にあると、詐欺師の甘い言葉に飛びついてしまうのだ。

〈詐欺師は孤独をついてくる〉

現代は孤独をより強く感じる

不安から甘い言葉に飛びつかないこと

04 詐欺の手口に学ぶ人間関係のコツ

ビジネスの現場は嘘で成り立っている!?

私たちは本当に油断もすきもない社会に生きている。だから本書で解説するような、心理法則を学ぶことは、こうした世の中で騙されないために役立つ。

一方で、人間の心の働きを利用した詐欺師たちの手口は、実は人の心を読み、人間関係を円滑に運ぶ潤滑油になる。

そもそも私たちの生活は、嘘に彩《いろど》られている。

「やあ元気でやっているかね?」「はい。おかげさまで」

例えば、毎日のように日本のどこかで交わされている、この言葉。いったい何が「おかげさま」なのか。

しかし、こうした嘘があるから、日常生活はスムーズに動いている。

一瞬のうちに相手に取り入り、自分の思うままに操ってしまう詐欺師の手法を応用すれば、日々のコミュニケーションが、もっとラクになることだろう。

嘘は人間関係の潤滑油になる

第１章

日常生活に潜む、ちょっとした嘘のメカニズム

01 譲歩を引き出したつもりが、うまく乗せられている!?

突飛な要求を断らせて、罪悪感を抱かせるテク

たいして親しくもない女性に、いきなり、「今度一緒に旅行でも行かない?」などと誘っても、恐らくすんなりOKしてはもらえまい。しかし、そう断られてしばらくした後で、「今晩食事でもどう?」とでも誘ってみる。

すると普通程度に敏感な女性ならば、心の中に「こないだ断っちゃったしなあ」という罪悪感が少しは生じている。**そして、この悪印象を低減したいというふうに心が動くのは自然なことである。**そして、「まあ食事ぐらいならいいか」とOKしてくれる。

アメリカの心理学者チャルディーニらの心理実験がある。街中で通行人に献血を依頼してみる。このとき、「明日献血をしてもらえないか」と呼びかけると、三一・七%の人がこれに応じ、残りの六八・三%は断った。次に、通行人に、「今後、数年間にわたって、二カ月ごとに献血してくれる契約を結んでくれないか」と頼んでみる。

普通ならちょっと受け入れがたい条件であり、当然のことながら、ほとんどの人が断る。そこですかさず、「では、今回だけでかまいませんから、明日献血をお願いします」と依頼するのだ。すると結果、なんと四九・二%の人が献血に応じてくれたという。

相手の心に「借り」の意識を持たせる

わざと断られそうな要請をして、いったん相手に断らせる。そのことは、相手の心に、いわば「借り」の意識を持たせることになる。そして、次に本来の要請をすると、相手は前に断ったときに比べたらずいぶん安易な条件を提示されたと感じ、つい応じてしまうというテクニックだ。**これは「ドア・イン・ザ・フェイス」(門前払い)のテクニックと呼ばれる。説得のベテランは、これを計算ずくで行なうのである。**

〈ハードルの高い要求の後のお願いに注意〉

ハードルの高いお願い

本当のお願い

前より安易な条件を提示されると、
人はつい応じてしまう

02 自分の意見に耳を傾けてくれたのに……

意見をよく聞いてくれたときは要注意？

「まず思う存分、君の意見を言ってくれたまえ。私は口をはさまない」

上司が部下の考えを尊重しているようなそぶりを見せたときは、上司が自分の意見を押しつけたがっているときかもしれない。

反対意見を積極的に言わせる効果

本当に有能な経営者というものは、社員の持つ反対意見をあからさまに圧殺したりはしない。**社員に自分からそうしたような気にさせて、結果的には経営者の意に添った方向へと持っていってしまうのが、経営者としての手腕である。**

例えば、ひんぱんに会議を開いて、あえて反対派と思われる社員に十分に発言の機会を与える。

もちろん、あらかじめ多数派工作はすませているので、経営者の意見が覆《くつがえ》されるわけではなく、最終的には経営者の意向が反映した採決がなされる。

しかしこのとき、反対派だった者も会議で十分に発言できたことで、その会議の意思決定に自分が加わったのだと錯覚してしまう。そして反対者は、いつの間にか自発的にその決定に従ってしまうのだ。

〈やたらと話を聞いてくれる上司の心の中〉

「意見に耳を傾ける」
イコール「意見を尊重する」ではない

03 目も「貧乏ゆすり」をするってホント？

「目は口ほどにものを言う」の真実

恋人のどこが好きかと聞かれて「目が好き」と答える人は多い。人間のコミュニケーションにおいて、視線の果たす役割は極めて大きい。視線を観察することで、相手の心を読んだり、自分の視線をつかって相手の気分をコントロールしたりすることもできるのだ。

視線の方向と心理状態の関係については、T・A（交流分析）理論というものがある。この理論では、人間の自我状態を次の三つの要素に分けて考えている。

・P（Parent）……親が子どもに対するときのような心理状態

・A（Adult）……知的判断のできる冷静沈着な大人の心理状態

・C（Child）……自己中心的で無邪気な子どもの心理状態

途中から視線をそらす

話に興味がなくなった状態

それぞれの状態は次のような視線の動きにきわめてよく対応して現れるという。

・Pの大きい状態……下向きに見下ろす視線

・Aの大きい状態……水平な視線

・Cの大きい状態……上向きの視線（上目づかい）

例えば、上司と部下がいたときには、自然と上司の視線は部下を見下ろすような動きになっているはず。上司が部下に対して威厳を保とうとするために「P」の心理状態が大きくなっているからである。

脈のありなしは「目」を見ればわかる

キャッチ・セールスのベテランなどは、相手の目を見て、脈のありなしを即座に確かめるという。相手が自分の目を見て話しているならば、話がしたい心理状

〈目の動きだけで、ここまでわかる〉

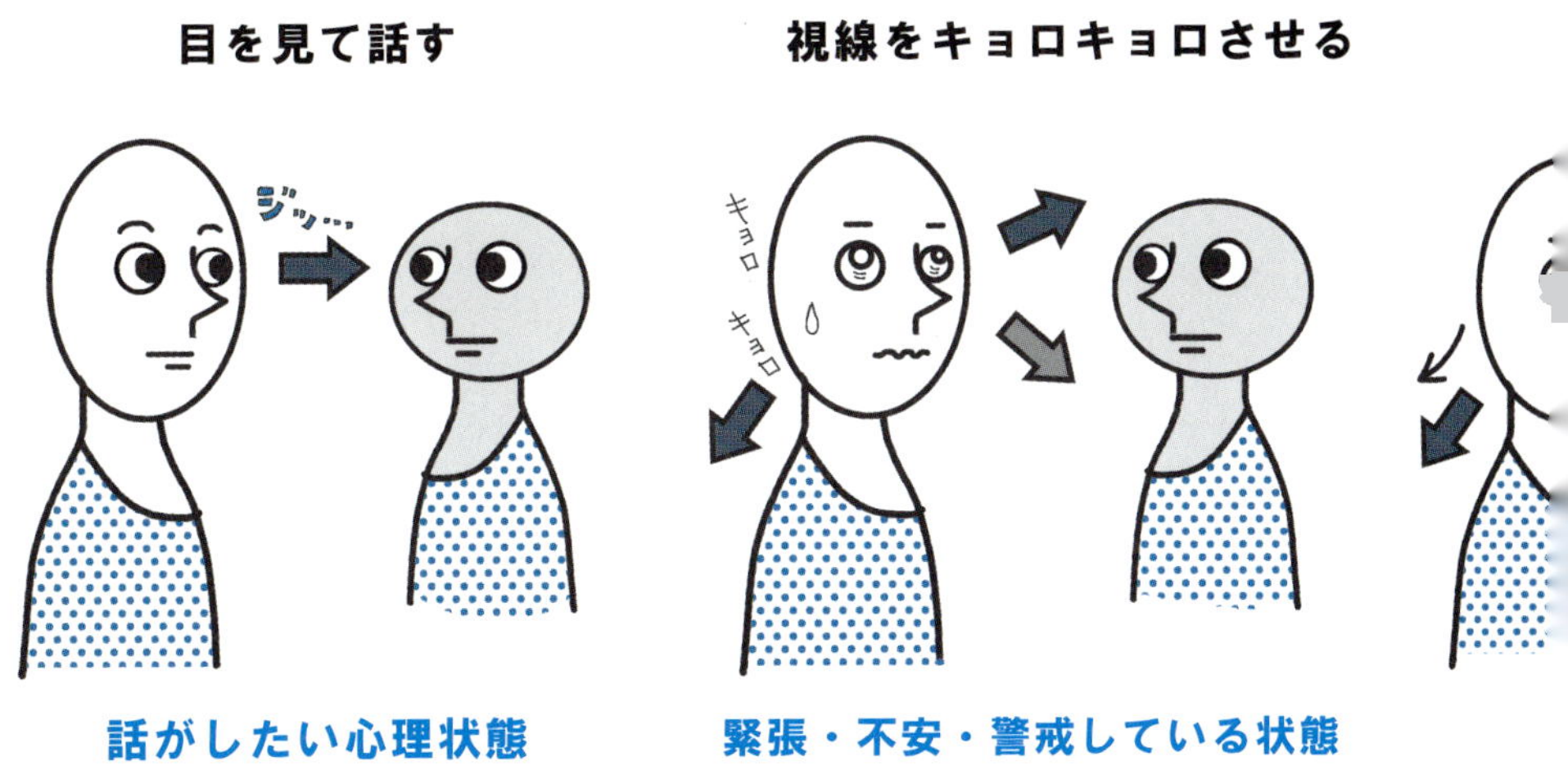

態。逆に、視線をそらしているなら、あなたとは話したくないという意思表示である。はじめは真《ま》っ直《す》ぐ目を見ていたのに、途中から視線をそらしはじめたなら、その時点で話に興味がなくなったと考えられる。また、話の内容ではなく、相手の人間じたいが嫌いなときにも、やはり目をそらす傾向がある。

話の途中で視線を左右にキョロキョロ泳がせることがある。**「目の貧乏ゆすり」とも言えるこの状態は、精神的な緊張、不安や警戒心を抱いているときに生じることが多い。**視線を動かして見ることのできる範囲を広げ、できるだけの視覚情報を採り入れて落ち着こうとしているのである。

視線の使い方は男女で違う

また、視線の使い方には、男性と女性では微妙な違いがあることがわかっている。男性の場合、相手に好意を抱いている場合には、聞き手にまわっているときのほうが相手の目をよく見ている。これに対し、女性が相手に好意を持っている場合、自分が話しているときのほうが相手の目をよく見ているのだ。

04 食事をしながらだと説得されやすい

料亭接待には心理的裏付けがある!

「どうですか? 今度ご一緒にお食事でも」――人は何かというと食事に誘いたがる。

ご存じの通り、何か交渉ごとや頼みごとがあるときには、接待がつきものであり、食事をともにするのが常である。なぜ接待には食事が伴うのか?

心理学者のジャニスが「フィーリング・グッド」と呼ばれる有名な実験を行なった。

あるジャーナリストが書いた論評を読むとき、ピーナッツを食べたりコーラを飲みながら読む場合と、何も口にせずに読む場合とで、論評に対する感じ方がどう違うかを調べた。被験者に与えられた論評は、「ガンの治療法が発見されるには、まだあと二十五年以上かかる」「アメリカ空軍はこれ以上増員の必要はなく、逆に八五%以下に縮小できる」「月への往復旅行は今後十年以内に実現できる」「映画は今後三年以内にすべて立体画像になる」の四つ。**すると、飲み食いしながら論評を読んだ人のほうが、何も口にせずに読んだ人よりも、論評に賛同するケースが圧倒的に多かった。**

人は食事中説得されやすくなる

人は何かを食べているとき、食べることそのものが快適な刺激となって、説得されやすい心理状態になり、そこで出された意見について好感を抱きやすいのである。食事をしているときは、緊張感が弱まり、警戒心を解いて相手の言うことを素直に聞く姿勢になる。

ピーナッツやコーラでこれほどの効果があるのだ。高級料亭でごちそうされれば、この効果に加え、美味しさや贅沢《ぜいたく》気分も加味され、気むずかしい人でも警戒心を解いて、ついつい相手の話に耳を傾けてしまうことになる。**いっしょに食事をしたときの好印象は二割引きぐらいに考えたほうがいい、などとも言われているが、はたしてその通りであろう。**

〈食事中のお願いには気をつけよ！〉

社内打ち合わせ

食事中

**食事中は緊張感が弱まり、
警戒心が解けやすい**

05 「きちんとした服装」だと二倍安心してしまう!?

ネクタイとスーツには威力がある

詐欺師にしろ空き巣にしろ、捕まってみると意外と清潔で、まるでエリート・サラリーマンのような出で立ちをしていることが多い。きちんとした服装の人は信頼できる人であるという、人間の思い込みを利用しているのだ。

次のような実験がある。ある交差点でのこと。今、信号は赤だが車は来ていない。

ネクタイをきちんと締めてコートを着ている男性が信号を無視して渡ると、周りの歩行者たちもつられて信号を無視して渡ってしまうことが多かった。一方、作業着姿の男が渡っても、周囲の歩行者がつられて渡ることはなかった。

服装が他人に与える印象は、人々がその服装に対して持っている一定の先入観のために、想像以上に大きいものだ。

第一印象の及ぼす効果

あるいは、アメリカの心理学者レオナード・ビックマンは次のような面白い実験を行なっている。

電話ボックスの棚に、一〇セント硬貨をすぐ見えるように置いておく。

誰かがボックスに入ったとき、二分後にドアを叩き、「ここに一〇セントの硬貨を置き忘れたんですが、見かけませんでした?」とたずねるのである。

このときに硬貨を返してくれる確率は、こちらがきちんとした服装をしている場合が七七%、みすぼらしい服を着ているときは三八%だった。

いくら「外見よりも中身」が真実とはいうものの、第一印象の及ぼす効果は無視できないということだ。

逆に、人を騙そうという人間の第一印象はきわめてよい場合が多いことに注意したいものである。

〈「見た目がよい」＝「信頼できる」という思い込み〉

人をダマそうとする人の第一印象は
よい場合が多い

06 最初に与えられた情報ほど信じやすい

「第一印象」がイメージを支配する

他人に抱く印象のうちで、いちばん大きいのはやはり最初に会ったときの第一印象であろう。

人間の記憶のメカニズムには「系列位置効果」というものがある。

ある一連のできごとが起こったとき、人間の記憶に強く残っているのは、最初と最後なのである。

アメリカの心理学者G・A・ミラーが次のような実験を行なった。

ジムという人物の出てくる文章を学生たちに読ませ、ジムが社交的だと思うか、それとも非社交的だと思うかをたずねた。

その文章の前半は、ジムが大いに外向的なイメージで書かれており、後半は非外向的なイメージで書かれている。

すると、学生たちは例外なく、ジムは社交的で愛想がよく積極的だと答えた。

それに対し、別の学生たちに、文章の前半と後半を逆にして読ませてみた。すると、彼らはジムを非社交的で消極的な性格だと答えたのだ。

第一印象に引っ張られる

これは「初頭効果」と呼ばれ、人間ははじめに与えられた情報のほうを信じやすいという効果である。

多くの詐欺事件で見られるのが、最初に会ったときに相手がきちんとした服装をしていたから、といってすんなりとその相手のことを信頼してしまうという現象だ。

その結果、その後で不審な点が目についても意識できなくなってしまうという心理メカニズムによって、人は騙されてしまうのである。

〈人間の記憶のメカニズムはこうなっている！〉

系列位置効果

記憶に残るのは最初と最後

初頭効果

はじめに与えられた情報を信じやすい

「第一印象」がイメージを形づくる

07 最後に聞いた情報が正しいと思う

とどめのひと言が印象を打ち消す

先ほどの「初頭効果」とは矛盾《むじゅん》するようだが、**「人は、最後に与えられた情報ほど信じやすい」という「新近効果」もある。**

これはより大勢の人から情報を与えられた場合に起こりやすく、「初頭効果」は、一人からの情報の場合に起こりやすいことが認められている。

アメリカの心理学者N・H・アンダーソンが次のような実験を行なった。

実際にあったある事件を素材にして模擬《もぎ》裁判を行ない、証言の与え方で陪審員《ばいしんいん》の判断がどう変わるかを実験したものである。

証言は、弁護側に六つ、検事側に六つと対等に行ない、特定のものが目立つことのないよう長さを統一して文書にする。

まず、一方の例の証言を二つ出し、次に他方を二つ出す方式で証言を行なったところ、陪審員は、最後の証言の側に有利な結論を下した。

次に、一方の例の六つの証言を続けて出してから、他方の六つの証言を出すという方式をとった。これでも、陪審員はやはり最後の証言の側に有利な結論を下したのだ。

最後に与えられた情報ほどよく頭に残る

つまり、**人は異なった情報源からいろいろな情報を与えられると、そのうち最後に与えられたものに最も大きく左右されるのである。**

同じほめられるにしても、少し批判されてから「それでも、こんないい点が」とほめられたほうが嬉しいものだ。言っている内容は同じであっても、最後の一言がそれまでの悪い印象を打ち消してしまうのだ。

〈最後の意見に引きずられるな〉

新近効果

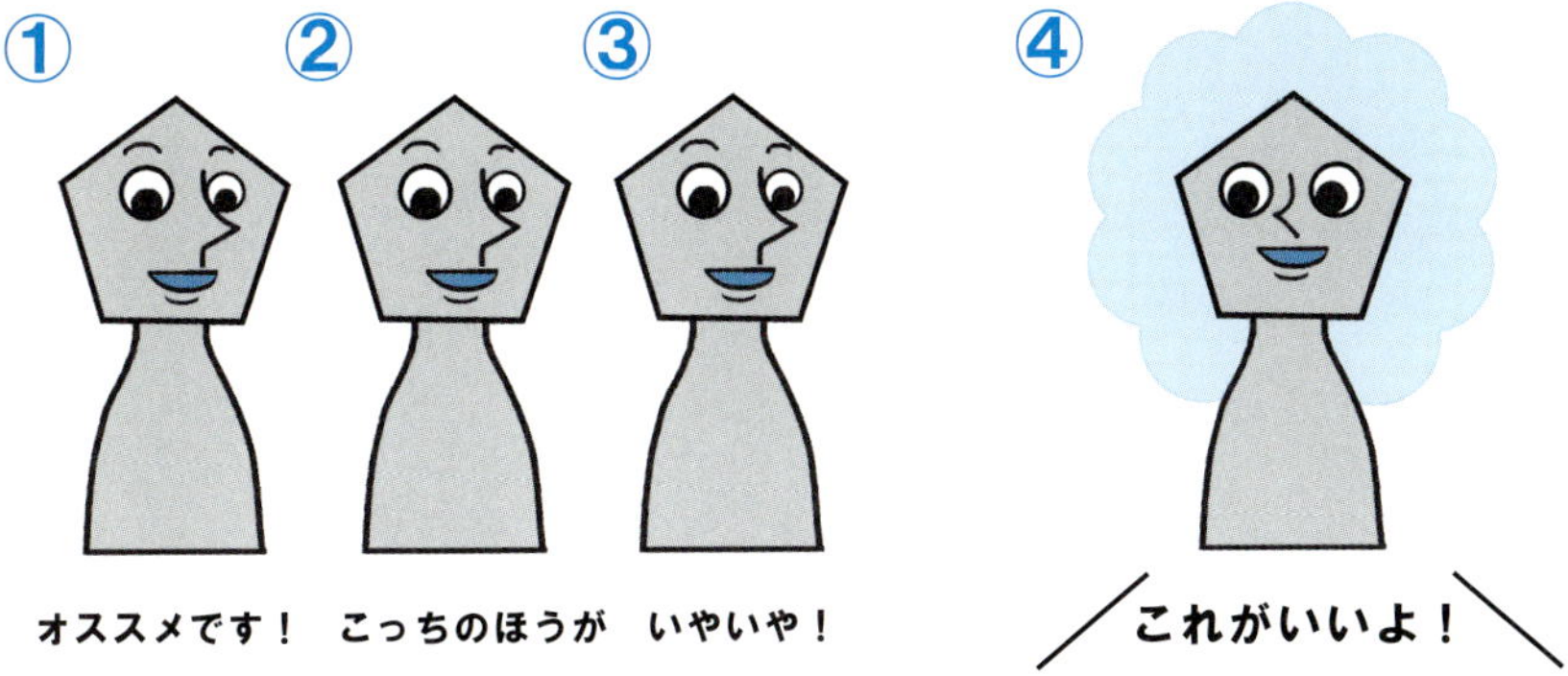

複数の情報を提示された場合、
人は最後の影響を受けやすい

08 「弱点」「失敗」に親近感を操られる

演出された弱さで相手を操る

「いやあ、昨日ついつい飲み過ぎて、大事な書類をタクシーに忘れちゃって」

堅物《かたぶつ》だと思っていた上司からこんな言葉が出たら、部下は一気に親近感を抱くことだろう。

人間の心理は、普通は自分の権威を防衛するために、自分に不利な情報を極力露出しないような方向に働くものだ。

しかし、「弱点」や、ついうっかり……といった「失敗」を明かされると、その人に「人間くささ」を感じ、心理的に受け入れようという気持ちが強くなるのも確かなのだ。

これを逆手に取ると、自分の弱い面のイメージを意識的に故意に露出することによって、相手を油断させて受け入れさせるということもできる。

もちろん、この手が有効なのは、それなりの権威を持っていて、その話が「意外」に感じられる人の場合に限られる。

弱みを見せることで「人間くささ」を与える

あの強面《こわおもて》の大物政治家が意外にも恐妻家だった、というようなストーリーも一般大衆としてはついつい頬のゆるんでしまうような話で、その政治家の意外な一面に魅力さえ感じてしまうところだが、実は意図して作られたイメージかもしれない。

大物政治家や宗教団体の教祖などが、いくらスキャンダルにまみれても信奉者が何も思わないのは、**完璧な聖人であるよりも、ときには男と女の問題で悩んだりする人間のほうが魅力的だと感じられるからである。**

〈あえて弱みを見せるテク〉

完璧で近寄りがたい×

人間くささが◎

「弱さ」を見せられると
心理的に受け入れてしまう

09 腕組みは「拒否」のサイン

何気ない相手の動作が本心を現す

人間の言動には常に本音と建て前がつきものだ。

商談のあいだ中、始終にこやかで笑みをたやさず物わかりがよさそうだったのに、いざ結論となると断固として譲らないというケースは多い。

どんなに顔で笑っていても、人間のしぐさには、本心が現れるもの。相手に次のような動作が現れたら「拒否」をしている兆《きざ》しだ。

・腕を組む……基本的には拒否の気持ち。相手を自分の領域内に立ち入れさせまいとする姿勢。ただ、うなずいていたり、笑顔だったりする場合は、納得して興味を抱いているのかもしれない。

・指で鼻に触れる……鼻の脇に指で触れるのは「疑い」、しきりにこするのは「断り」。鼻の下に指をあてがったら「不快感」を持っていることが多い。

・鼻に人差し指を持ってくる……迷ったり、説明を求めたい証拠。

・小指で耳のあたりの髪をかきあげる……疑いの気持ちを現す。

・口を閉じて微笑する……笑ってはいても、断りの気持ちを現していることが多い。

オープン・ポジションとクローズド・ポジション

相手を説得するときの姿勢については、アメリカの心理学者マクギンリーらによる研究がある。**その姿勢は「オープン・ポジション」と「クローズド・ポジション」に大別され、オープン・ポジションが説得には適している。**

オープン・ポジションとは、正面を見て、両足をやや開き、手のひらを相手に見せる姿勢である。これに対してクローズド・ポジションは、腕や足を組んだりする姿勢で、いくら好意を抱いている相手でもなかなかイエスとは言ってくれないというものを言う。

〈しぐさには本心が現れる〉

10 握手しただけで親近感は劇的に深まる

アイドル「握手会」や政治家の握手作戦は効果抜群

アメリカの選挙戦の戦略で「3S」というのがある。すなわち、シェイクハンド（握手）、スマイル（笑顔）、サインである。日本人には挨拶がわりに握手をするということには、まだ馴染みがないだろう。

しかし、握手、つまりちょっと体に触れただけで、お互いの警戒心をやわらげることができるのは事実。

特に、ふだんからそうする習慣のない日本人にとっては、なおさらのことだ。握手の効果を実証した次のような実験がある。

ある人物を、

①目隠しをして握手をせずに話をする。

②話も握手もしないで相手を見るだけ。

③目隠しをして話をせずに握手だけをする。

といった三つの方法で人に引きあわせ、相手についての印象をたずねる。結果、①は「距離がある」「形式的」、②は「冷たい」「横柄」などといったマイナスの評価が多かったのに対し、③は「温かい」「信頼できる」「大人らしい」などのプラスの印象が強く、半数近くがまた会いたいと希望したという。

手の握り方で心理状態がわかる

握手一つといっても侮《あなど》れない。また、握手というのは、初対面でも何気なく相手に触れることができる唯一の手段ともいえる。**握手をするときの手の握り方には、相手の心理状態がよく現れているから見逃せない。**

相手の手が湿っているようなら、相手は不安定な心理状態にあり緊張していることは明らかである。しっかり握り返してくる人は積極的で能動的な人、弱々しい握り方の人は内向的な性格である。握手のときに目を見つめるのは、自分が優勢に立とうとする心の現れ、紹介もされないうちに、見知らぬ相手と握手したがるのは、自己顕示欲の現れと言うことができる。

〈「握手」が持つスゴイ効果！〉

「温かい」「信頼できる」などプラスの印象を与えられる

〈握手でわかる心理状態〉

手が湿っている	不安定な状態
しっかり握り返す	積極的で能動的
弱い返し	内向的な性格
目を見つめながら	優位に立ちたいという現れ

「握手」は信頼を与えつつ、
相手の心理状態も把握できる

11 ライバルは正面に座る

座る場所で会議参加者の胸の内がわかる

アメリカの心理学者スティンザーは次の三点の「スティンザー効果」を提唱した。

・以前に議論をたたかわせた相手がいるときは、その正面に座る傾向がある。

・ある発言が終わったとき、次に発言するのは、その意見の反対者である場合が多い。

・議長のリーダーシップが強い場合は、会議参加者は正面にいる人と話したがる。

逆に、リーダーシップが弱い場合は、隣の人と話したがる傾向がある。**会議や交渉での座席の取り方によって、会議や交渉の雰囲気が決定づけられるし、その雰囲気を故意に作り出すこともできる。**

円形テーブルでの話しあいは、なごやかで発言しやすい雰囲気になるため、いろいろな意見をリラックスして出してもらいたいときにはいいが、結論を早く出したいときには避けたほうがいい。

状況によって座る位置を変える

相手を説得しようというときは、横に座るか、L字型に座ると効果的。**特に断りにくい状況にしたいときは、横に座ると効果的であることがわかっている。**

誰もが無意識にやっていることだが、喫茶店やレストランなどで相手を落ち着かせたいときには、壁際や隅の席を取るとよいだろう。

デスクが窓際にあり、ガラス窓を背にして座ると、ガラス窓の冷たい質感がそこに座る人の断固とした意志を強調してくれる。重役室の椅子の背後にはガラス窓があったほうがいいかもしれない。そして、リラックスして話したいときには、ブラインドをおろすなどの工夫も必要だろう。

〈座席の取り方で会議の雰囲気を操れる〉

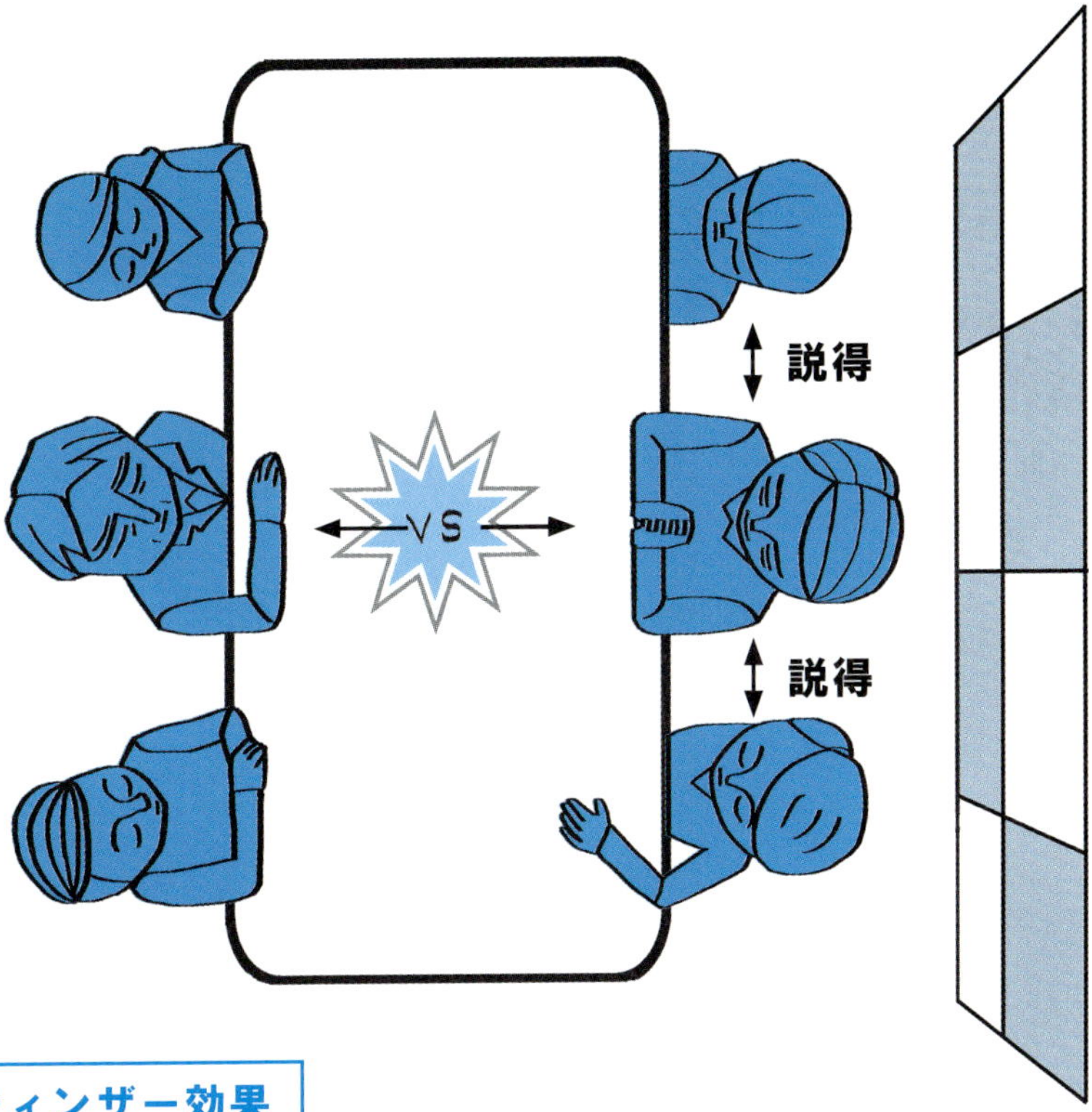

スティンザー効果

・以前に議論をたたかわせた相手がいるときは、その正面に座る傾向がある。
・ある発言が終わったとき、次に発言するのは、その意見の反対者の場合が多い。
・議長のリーダーシップが強い場合は、会議参加者は正面にいる人と話したがる。

説得したい相手がいる場合は、
横かＬ字型に座るのが効果的

12 心をつかむのは、話の内容よりも声

影響力があるのは顔、声、言葉の順

セールスマンというと「口のうまい人」だと当然のように信じられているが、実際はそういうわけでもないようだ。

アメリカのボディ・ランゲージ研究の第一人者である心理学者Ａ・メラビアンは、話し相手の人間像を判断する際に、顔と音声と言葉が果たす役割を公式化した。

それによると、顔が五割五分でいちばん影響力があり、次が音声で三割八分、そして言葉の果たす役割はわずか七分にすぎないという。

声の質に関する研究によると、声が大きく、低く、リズム感のある生き生きとした響きのある人は、外向的でリーダーシップがあり、説得力もあるという。

確かに、講演のベテランやラジオのＤＪ、宗教界のトップなどは、独特の声が魅力となっていることが多く、聞く者を陶酔《とうすい》させてくれるような魅力ある声を出す人が多いのは事実だ。

自分の声は意外と知らない

一般に相手の心を引きつけるには、低音で、大きな声で、リズミカルに話すことがポイントとされている。

ところで、あなたは自分がどんな声を出しているのか、ご存じだろうか？

自分がふだん聞いている自分の声は、頭蓋骨《ずがいこつ》を通して直接鼓膜《こまく》に響いているため、実際に他人が聞いている声とはかなり違っている。自分の声を録音してみたら、まったく別人のようだったという体験を持つ人も多いだろう。

それほど声というのは意識されない盲点となっているのだ。プロのセールスマンは、自分の声をテープレコーダーなどで録音して、魅力的な話し方の訓練をするという。

〈話す内容よりも大切なこと〉

同じ内容を話していても…

大切なのは…

顔＞声＞会話内容

何を話すかよりも
どう話すかが大事

13 「細かい人」のほうが、騙されやすい？

好奇心が災いして話に深入りしてしまうと思うつぼ

何かにつけても、万全の下調べをしてからでないと気がすまないという人がいる。

例えばパソコンを一台買うにしても、カタログや雑誌を集めて熱心にスペックを研究し、パソコン・ショップの店頭に何度も足を運んで試してみるタイプだ。

こうしたタイプの人は注意深く、詐欺などに簡単にはひっかかりそうにないように一見思えるのだが、さにあらず。

実は、このような人ほど騙されやすいという。**好奇心が強く、物ごとを深く知らないと気がすまないため、セールスマンに提示された情報などを無視できずに、一生懸命読んでしまったりする。**

これこそ、騙す側にとっては思うつぼ。とにかく、話に耳を貸してくれれば、騙すチャンスが増えるというものだからだ。

「マイペースな人」のほうが意外と騙されない

目新しい話に飛びつきがちなのも、こんなタイプの人たちだ。熱心に話を聞いているうちに、いつの間にか自分でも気付かないうちに深入りしていて、抜けるに抜けられない状態に陥ってしまうのだ。

おまけに、こういうタイプは、自分の分析能力や情報に自信を持っているから、さらに墓穴を掘ることになりかねない。

これに対して、あまり世の最新事情などが気にならず、マイペースで生きている人は、目新しい話そのものにたいして興味を示さないので、騙されにくいといえる。

知的好奇心がかえって災いに転じる場合もあるのである。

〈「細かい人」「マイペースな人」ダマされやすいのはどっち？〉

細かい人の場合

マイペースな人の場合

「好奇心」に振り回されると
抜けるに抜けられなくなることも

14 「頼れるのは、あなただけ」と言われると弱い

自尊心をくすぐって要求を飲ませる手口

「他の人にはすべて断られた。あなたが最後の頼みの綱だ！」と涙ながらにすがられたら、ついつい心が揺れるもの。難しい頼みごとをされたとき、「そんなこと、他の人に頼めば？」という断り方がある。ここまで言わなくても「私はその器ではございません」などという体《てい》のいい断り方はよく使われる。

この言葉が出るときは、まわりに大勢人間がいて、「自分がやらなくても、誰か他の人がやるだろう」という気持ち、つまり心理学でいう「責任の分散」が生じているのである。

この「他の人がやるだろう」という逃げ道をあらかじめ閉ざしておくのが、「あなたが最後の頼みの綱だ」なのだ。人間、人から「あなたが必要だ」と言ってもらえることなどめったにない。これに自尊心をくすぐられ、ついつい無理な話に乗ってしまったりするのだ。

**自尊心をくすぐられると
ついつい要求を飲んでしまう**

第2章

思わず買っちゃう!?
巧みなビジネス・テクニック

01

「あれか、これか」で迫られると弱い

迷っていたのに、いつの間にか買っている!?

ちょっとおしゃれなレストランでこんな場面があった。オーダーのとき、「ワインは白と赤、どちらになさいますか?」と聞かれたのだ。

とっさに「白、お願いします」などと答えてしまう。その直後、自分はそもそもワインなどを頼むつもりはなかったのだと気付いても、もう遅い。

別にワインがセット・メニューの中に含まれているわけでもないし、飲もうというつもりもなかったのに、「必要ありません」という選択肢が浮かんでこなかったのだ。

唐突《とうとつ》に「飲む」という前提条件に基づいて「赤か白か」の二者択一を迫られたとき、条件を提示された側は、それ以外の選択肢を選ぶことを思いつくことができずに、その二つの選択肢からどちらかを選ぶ方向に誘導されてしまう。

二者択一を迫られたときは要注意

このように、あらかじめ方向が決まっているかのような前提で相手に思い込ませてしまうことを、心理学では「誤前提暗示」という。次のような実験がある。

被験者に時計の絵を見せる。針は十時を指している。そこで絵を隠し、「時計は何時を指していましたか?」と質問をする。この場合、さすがに正解率は高い。

しかし、「時計は十時でしたか? 二時でしたか?」と問うと正解率が落ち、さらに、「九時でしたか? 三時でしたか?」と問うと、ほとんどの被験者がどちらかを選んでしまい、正解できなかった。「誤前提暗示」にひっかかり、自分の記憶をねじ曲げてでも、選択肢から選ぼうとする不思議な心理が働くのである。

したがって、二者択一を迫るような詰問《きつもん》の仕方をされたときは、相手が他に選択可能な道を隠しているのではないかと疑ってみることが必要だろう。

〈二択を迫られた場合は注意せよ！〉

選べる場合

二者択一を迫られると

選択肢が２つだと
つい、どちらかを選んでしまう

02 「客寄せ商品」の魔の手

よりよいものを見せられたら欲しくなる

例えば、デジタルビデオカメラが欲しいと思っていたとする。ある日、広告のチラシに、驚くほど安い目玉商品を見つけ、「これだ！」と思っていそいそとお店にかけつける。

広告に掲載されたビデオカメラを手に取っているうちに、気になってしまうのが、隣にずらりと並ぶ、より小型で、性能のよさそうな商品だ。

どうしても、そちらも手に取って比べてみたくなる。そこへ店員の声がかかり、安い商品の欠点と、高級品の長所をとくとくと説明してくれるだろう。そう言われて比べてみれば、性能の差は明らか。**そうそう買い換えるものでもないし、はじめからいいものを買っておいたほうがいいか、というような気持ちになって、ついつい高いほうを買ってしまう。**

そんな経験を持つ方は多いだろう。いわゆる「客寄せ商品」のトリックに、まんまとはまってしまったわけだ。

一度手に入れたものを手放したくなくなる心理

「広告の品は売り切れましたが、ほんの少しお高いですが、ずっと性能のいい商品がありますよ」

ひどい店になると、はじめから広告掲載の品などはほとんど置いていないことだって、ありえる。

客は、もともとビデオカメラが欲しいから買いに来たわけである。

広告を見て店に来る時点で、買うことを決心し、心の中ではすでに「手に入れた」ような気持ちに半分なっている。

ここで何も買わないで帰ることは、たとえ幻想であろうと、いったん手に入れたものを失うことになり、引っ込みがつかなくなってしまうものなのだ。人間の欲望をうまく使ったセールスである。

〈目玉商品に隠された戦略〉

いったん手に入れたものを
失いたくないという心理は強い

これは手抜きじゃないの、家族のためよ

もっともらしい動機を与えて駆り立てる

お掃除ロボットや食器洗い機、電子レンジで調理できるインスタント食品など、主婦が家事を効率化できるツールは次々と普及し、今や家電なしには主婦業は不可能とさえ言えるようになった。しかし、ひと昔前まで「レンジでチン」などというのは、主婦にとって心理的にやましい行動だと思われていたものだ。

アメリカでインスタント・コーヒーが売り出されたときも同じようなことがあったという。当初メーカーでは「簡単」「便利」をPRして売り出していた。しかし、アメリカには、コーヒーは豆から挽《ひ》いていれるものだという根強い常識があり、なかなか受け入れられなかったという。**しかし、途中から広告戦略を転換し「このコーヒーを使って空いた時間を、ご家族のために使ってください」とPRしはじめたのだ。**

これによって主婦の心理に変化が起きた。私がインスタント・コーヒーを使うのは、楽をしたいからじゃない。主人や子どものためよ、というわけである。

合理的な考えは抵抗感を無くす

やっていることは「手抜き」でも、それを「時間の節約」と言い替え、「家族のため」だという、**合理的だと思わせる動機を与えれば、同じものでも抵抗感なく受け入れることができてしまうのである。**

一部のマルチ商法でも「旧弊化した流通制度に風穴を開ける」とか「一人ひとりが頑張ればみんなが幸せになれる」などとうたっていることがあるし、宗教の大義名分は必ず「世界平和」や「救済」だ。

多くの人が犠牲になったオウム真理教（当時）事件でも、信者たちは、人を殺すことによって救済するという方法がありえるのだという教義を信じ込まされていた。そして、本気で人々を救済しようという善意の動機を持って犯行に及んでいた信者が多いのである。

〈もっともらしい大義名分に操られるな〉

合理的な動機に言い換えられると
思わずYESと言ってしまう

04 「ちょっといいですか」の「ちょっと」がくせ者

話を聞くだけではすまない

繁華街でよく見かけるキャッチ・セールスは、さすがにプロだけあって、ごく自然な口ぶりで声をかける。

誰もが一度ぐらいは足を止めさせられてしまったことがあるのではないだろうか。

カモになりそうな通行人を見つけると、まずは、

「簡単なアンケートなんですけど、ちょっとお願いできませんか？」

と、足を止めさせて、話に耳を傾けさせることからスタートする。

「〝簡単な〟ものならいいか」と気軽に応じてしまう人も多いだろう。

しかし、アンケートだけで帰してもらえるはずがない。「リゾートクラブが格安で利用できる会員権が」とか「エステが優先的に利用できる」などと弁舌さわやかなセールストークがはじまり、「三十分だけお時間をいただければ、お茶でも飲みながらご説明します」と来るのだ。

「話を聞くだけなら」などと軽い気持ちでついていったら大変なことになる。

小さな要求を一度受け入れると、次が断りにくくなる

キャッチ・セールスのベテランは、喫茶店にまで誘うことに成功できれば、一〇〇％説得できると豪語する。

これは「踏み込み（フット・イン・ザ・ドア）のテクニック」と呼ばれる手法の応用だ。

まず、相手がすぐに「いいですよ」と言ってくれそ

〈簡単なお願いだから、と気軽に応じると後が怖い〉

うなこと（「簡単なアンケート」など）について承諾を得てしまう。

これによって相手の心に一歩踏み込んで、一つでも要求を受け入れさせてしまう。

たとえ簡単なことであっても、いったん相手の要求に応えてしまうと、その次の要求が断りにくくなってしまうのが人間の心理なのだ。

こうして、まんまと相手のペースに乗せられる。

前例をつくることで抵抗感を減らす

男女関係ならば、例えばデートに誘いたい人がいるときも、いきなり一人を誘うのでは成功率は低いだろう。

まずは、「みんなでいっしょに」と誘ってみる。

いったんいっしょにどこかへ行ったという前例ができてしまえば、「前にも行ったことがあるし」という動機づけが生まれ、次からは一人だけを誘ったときにも、相手の中の抵抗感は薄らいでいるだろう。

05

何度も頼まれると断れなくなる

何度も訪れるセールスマンへの「心理的負い目」

「パンフレットだけでも受け取っていただけないでしょうか」「一度だけでもお話を聞いていただけないでしょうか」

訪問販売のセールスマンたちは、門前払いをくらわされると、さまざまなことを言ってなんとかドアの向こうの人間と接触を保とうとする。

そのうち最も単純な手口が、とにかく何度も何度も訪問するというものだ。

買うつもりどころか、ドアを開けるつもりだって絶対ないのに、と最初は思っていたにもかかわらず、結局は何がしか買わされてしまったという事例は実に多い。

何度も訪問され、何度も断ることをくりかえしているうちに、**心理的な負い目が断る側の心の中に生まれ、なんとなく「借り」の感情が生まれてしまうのだ。**

借りた分は返したい心理

アメリカの心理学者ガーゲンが行なった実験がある。A・B・C・Dの四人でポーカーゲームをやっている途中、負けが込んでチップの手持ちがなくなったDに対して、A・B・Cの三人がチップを貸してあげようと申し出る。

Aは「返す必要はない」と言う（低義務条件）。Bは「後で利子をつけて返してほしい」という条件をつけ（高義務条件）、Cは「後で貸したのと同じ枚数返してほしい」という条件をつけた（同義務条件）。

このとき、借りる側のDは、「貸したのと同じ枚数

〈「借り」の感情を作ると返したくなってしまう！〉

返してほしい」と言ったCに最も好意的な印象を示したという。**借りたら、その分は返したいというのが人間の自然な心理のようだ。**

「タダほど高いものはない」などというように、「返す必要はない」などと言われると、かえって心の負担になって不安になるものである。実験によると、日本人の場合はとくにこの傾向が顕著《けんちょ》にみられたという。

「悪いなあ」と思わせる手口

何度も何度も訪れてくるセールスマン、しつこくかかってくるセールスの電話に、ちょっとでも「悪いなあ」と思ったら、相手の思うつぼということ。

セールスマンのマニュアルには、ちゃんと「雨の日、雪の日を狙え」などと的確な（！）アドバイスが書かれている。

訪問を受ける側も、いくらセールスマンの作戦だとわかっていたにしても、並の感情を持った人間なら冷たく追い返すことなんてできなくなるはずだ。

相手は、ひたすらその瞬間を狙っているのである。

06 「みんながするから自分も」の心理

バーゲンセールで無駄な買い物をしてしまう理由

バーゲンセールにいそいそと出かけ、その場では最高にお得な買い物をしたような気になったのに、家に帰ってきて冷静に考えてみると大失敗だったという経験のある人は多いだろう。バーゲン会場の熱気には、購買心や競争心を煽《あお》り立てるものがあるようだ。

これは「みんながそうしているから、自分もそうしなければ」という「同調行動」の現れである。自分がどう思っているかよりも、大多数の他人が何をしているかに影響を受けて、自分もそうしてしまう。そうしないと不安な気持ちになってしまうのだ。

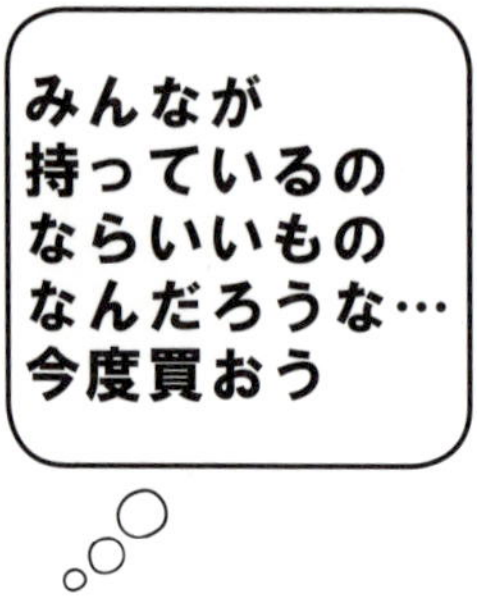
みんなが
持っているの
ならいいもの
なんだろうな…
今度買おう

購買心を煽るテク

訪問セールスの代表的な手口に、団地に行って「四階の××さんにもお買い求めいただきました。七階の△△さんにも…」と言って購入を迫る手口がある。

「みんなと同じでありたい」という気持ちを利用して、購買心を煽っているのだ。日本の場合、国民のほとんどが「自分は中流である」という意識を持っているため、この傾向は一段と強くなる。

コンビニの雑誌売り場が必ず窓際にあるのは、店内に客が常にいるという状態をつくっておくことが集客に大きな影響力があるからだ。確かに、誰も客のいない店というのは、入っていくのに勇気がいるもの。立ち読みでもいいから、「にぎわい」が欲しいのである。いわば、客を「サクラ」として利用してしまうのだ。

また、ファミリー・レストランでも、客がきたら外から見える窓際のテーブルから順に案内するようにマ

〈「みんなと同じ」に引きずられるな〉

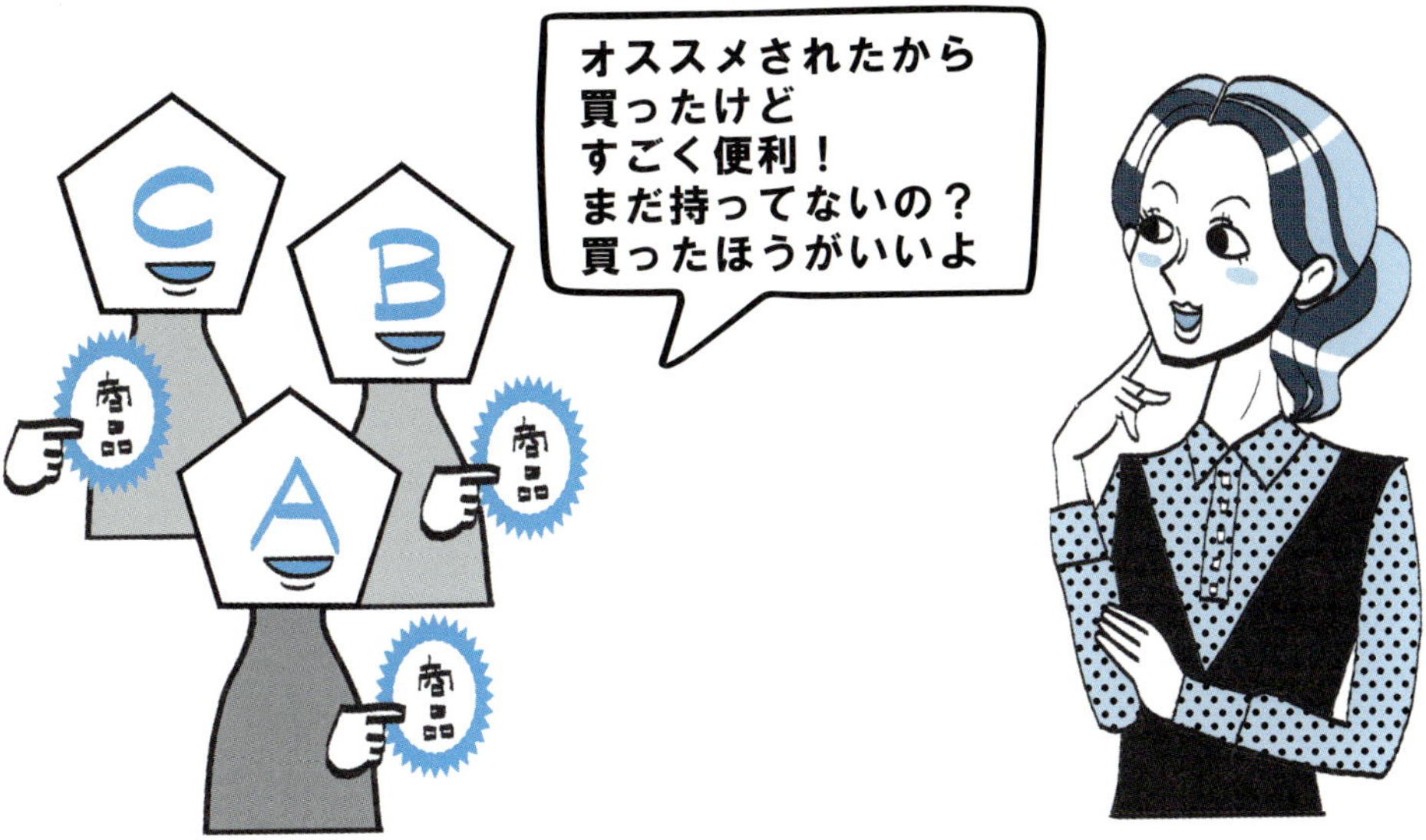
オススメされたから
買ったけど
すごく便利！
まだ持ってないの？
買ったほうがいいよ
C
B
A
商品
商品
商品

ニュアルが組まれている。にぎわっている店すなわち美味《おい》しい店という意識があるのだ。

個人や企業も孤立を恐れる

アメリカの心理学者アッシュが行なった実験がある。三本の長さの違う線が紙に書いてある。数人の被験者にこれを見せ、どれが一番長いかを当ててもらう。実は被験者は一人を除いてすべてがサクラである。

実験によると、サクラ全員が口を揃《そろ》えてわざと間違った答えを主張すると、本当の被験者まで、その間違った答えを口にしてしまう傾向が認められた。

孤立することを恐れる心は、客観的な事実まで曲げてしまいかねないほど強いものなのだ。

これは一人の人間単位に限ったことではなく、企業間でも言えることだ。

「最近では××社と△△社さんに弊社のシステムを納めさせていただきました」などとライバル会社の名前を出されたりすれば、本来は必要ないかもしれないシステムも慌《あわ》てて真剣に検討せざるをえないことになる。

07

じらされると、ついつい乗ってしまう謎

「品切れ」「売約済み」のものほど欲しくなる

男心というのはおかしなもので、デートに誘ってすぐにＯＫしてしまうような女性にはあまり魅力を感じないものだ。

もちろん、まったくの堅物で、どうしたって陥《お》ちそうにない女性も敬遠される。デートを申し込んで何度もじらされたあげく「いつもなら、そう簡単には応じないんだけど、あなたなら喜んで」などという具合にＯＫしてもらえるのが一番嬉しいようだ。

空腹のときに食べる食事が美味しく感じられるように、じらされることによって、興味と欲求が深まり、好意や期待へとつながるのだ。

かつて大流行した「たまごっち」も、ブームのときには市場で品薄となり、ニュースにまでなった。それによって、わけもなく欲しくてたまらなくなった人も多かっただろう。そして予約して二週間も三週間も心待ちにしたあげく、ようやく手に入ったときには、すっかり熱が冷めてしまうというのが本当のところではないか。

なかなか手に入らないから欲しくなる

モノを買うにしても、いつでも簡単にすぐ手に入るものならば、さほど欲しいとは思わないもの。

店側が故意にでも品薄感を煽り、「品切れ中につき、しばらくお待ちください」などとじらされると、期待感が募《つの》って本当に欲しくなってしまうものだ。

家具のバーゲンなどでも「売約済み」のシールが貼《は》られているものに限って、どうしても欲しくなってしまう心理と同じである。

「大人気により品薄」というのは、本当にその場合もあるだろうが、飢餓《きが》感を煽る宣伝文句である場合もある。

〈手に入らないものほど欲しくなる〉

飢餓感を刺激されると、より欲しくなる

08 同じ洗剤なのに、容器を変えたら、性能がアップ!?

侮れない、パッケージの効果

三種類の容器に入った中性洗剤A・B・Cがある。

Aは黄色、Bは青、Cは黄を散らした青の容器。

主婦たちに、この三つの洗剤を一定期間使ってもらい、汚れの落ち方を試してもらった。

主婦たちの出した結論は、

Aの黄色い容器の洗剤は「汚れはよく落ちるが、手が荒れて困る」。

Bの青い容器の洗剤は「洗った後、さっぱりしていてよいが、汚れが落ちにくい」。

好評だったのはCで「洗い上がりもすばらしく、手も荒れない」という結果だった。

が、この三つの洗剤、実は中身はすべて同じだったのである！

これはアメリカの色彩心理学者ルイス・チェスキンによる実験で、チェスキン自身、Cの色彩バランスを理想的だとして設定したものだった。

色が持つスゴイカ

商品の色というものは、買うときの心理ばかりか、心の動きには左右されないと思いがちの使用感にまで影響を及ぼすものなのだ。

同じく、チェスキンの報告によると、ある会社では商品の運搬に黒い容器を使っていた。しかし、午後になると、この商品を運搬する従業員たちが口々に体の変調と疲労を訴えていた。

そこで、容器をすべてライトグリーンに塗り替えると、苦情はなくなり、作業能率もグンとアップしたそうである。

〈色を変えるだけで人を操れる!?〉

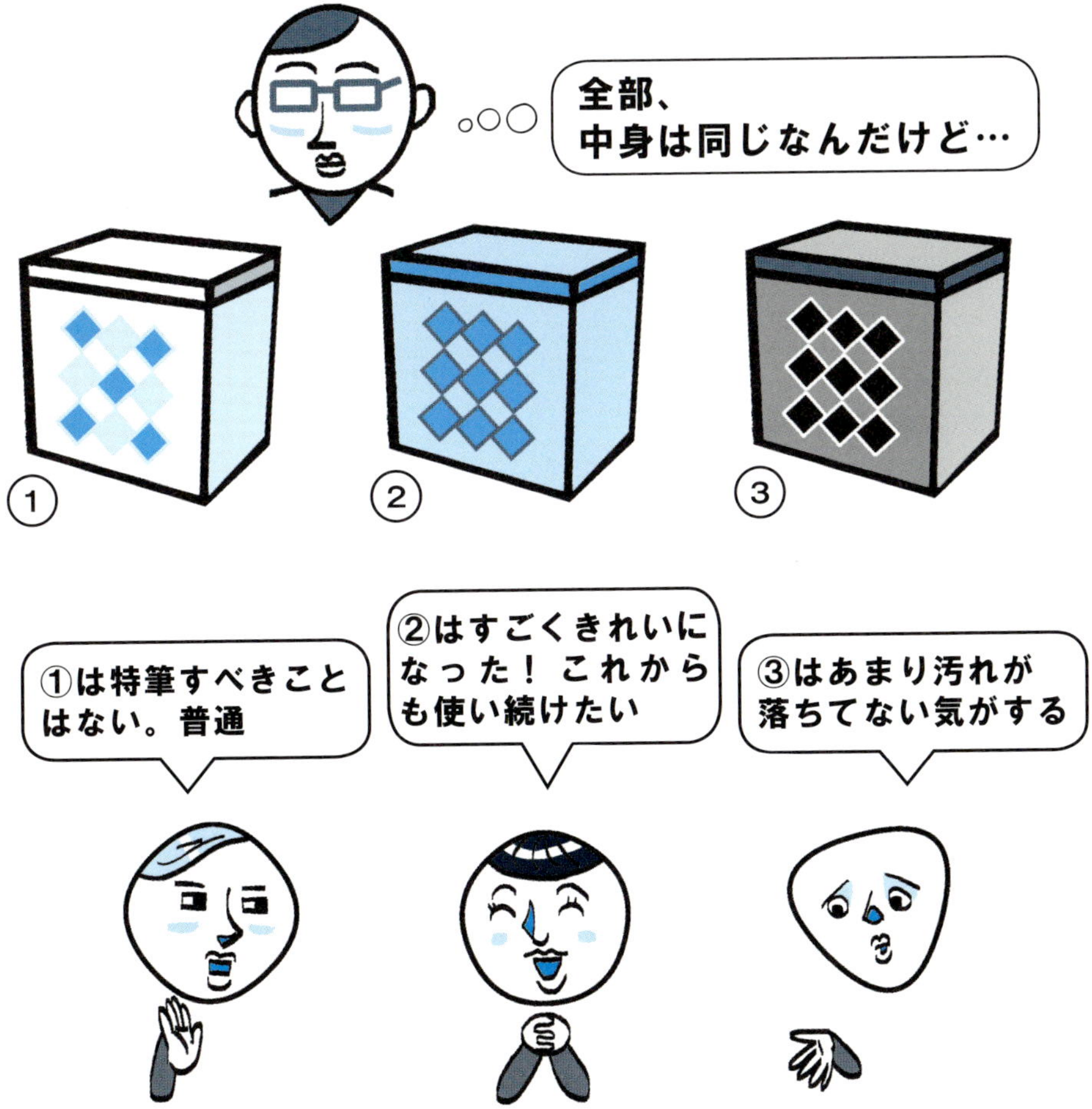

色は心理だけでなく
使用感にまで影響を及ぼすことも

09 何度も会うと、親近感がわく不思議

「外回り営業」は無駄にならない

モノを売ろうと思ったとき、とにかくその商品の存在を知ってもらわないことには話にならない。

また、新しい取引先を増やすには、一人でも多くの人とコンタクトを取らなければ、チャンスはやって来ない。

そこで、いわゆる「営業マン」という業種が存在し、朝から晩まで「ご挨拶」「顔つなぎ」に走り回ることになる。

これは「単純接触の原理」と呼ばれる。アメリカの心理学者ザイアンスが、実験により実証している。

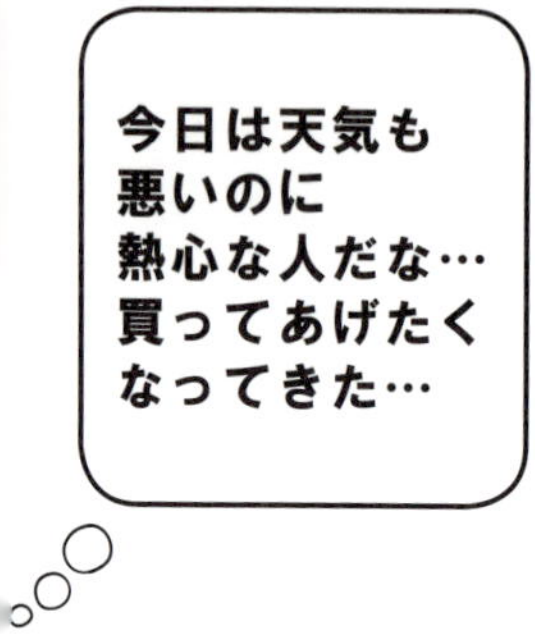
今日は天気も
悪いのに
熱心な人だな…
買ってあげたく
なってきた…

被験者の大学生に、卒業アルバムから抜き取った人物の写真を見せた。

二枚ずつAからFの六組のペアにして、A組は一回、B組は二回、C組は五回、D組は一〇回、E組は二五回見せ、F組は一回も見せなかった。

写真を見せた後に、その人物の印象をたずねたところ、**見た回数が多ければ多くなるほど、好印象を持っている傾向が強かった。**

この実験は写真でなく、実際の人物と対面させた場合でも、同様の結果が出ている。

新商品は「とにかく露出させろ」

新商品が出ると、テレビのCMなどで何度も何度もしつこくCMを流したり、列車の車内広告を一車両分まるごと借り切ったりするのも、**商品名やそのイメージをとにかく露出させて、人の目に触れさせることが第一に重要だからである。**

〈単純接触のすごい効果〉

また政治分野の新聞記者などはよく「夜討ち朝駆け」という方法をとる。

事件の渦中にある政治家などの家に、朝早く、または仕事を終えて帰ってくる夜遅くを狙って、取材に出かけるのである。

他の多くの人が（その政治家も含めて）休んでいる時間帯に、熱心に働いている記者という印象を相手に与えて心理的な負い目をつくってしまい、気持ちを引こうとするのだ。

無視できなくなってからがスタート

セールスにしろ何にしろ、何度も何度も顔を出しているうちに、訪ねてこられるほうもそうそう無視できなくなって、親近感を抱くようになる。そこからすべてはスタートするのだ。

10

来るなと言われると、行きたくなる

「十八歳未満お断り」「一見さんお断り」の効果

アメリカのテレビのいわゆる「ドッキリカメラ」で次のような実験が行なわれた。

塀《へい》に穴を開け、「のぞくな」と貼り紙をしておく。それだけである。あとは、遠くから通行人の様子を観察する。

もちろん、貼り紙がなければ、そこに穴があることにすら気づかない。貼り紙があることによって、そこに穴があることがはじめてわかり、通行人は興味を喚《かん》起《き》させられる。

すると、なんと通りがかったすべての人が穴をのぞいていったのだ！

禁止されると、やりたくなる心理は、人間誰もが持っている。

これは「カリギュラ効果」と呼ばれている。

背徳感という刺激

「カリギュラ」とは、ローマ皇帝カリギュラの暴君ぶりを描いた映画。残酷な映像表現が多かったため、かつてボストン市では上映禁止になった。

しかし、禁止されると見たくなるのが人の常。

上映が許されている別の街に見に行くボストン市民が続出したため、ついに世論によって上映が許されるようになってしまったという。

ポルノ映画は「十八歳未満お断り」、飲酒・喫煙は「二十歳になってから」。

そんなふうにわざわざ具体的に指定されると、年齢を偽ってポルノを見たり、隠れて酒を飲んだりする者

〈禁止されるからやりたくなる！〉

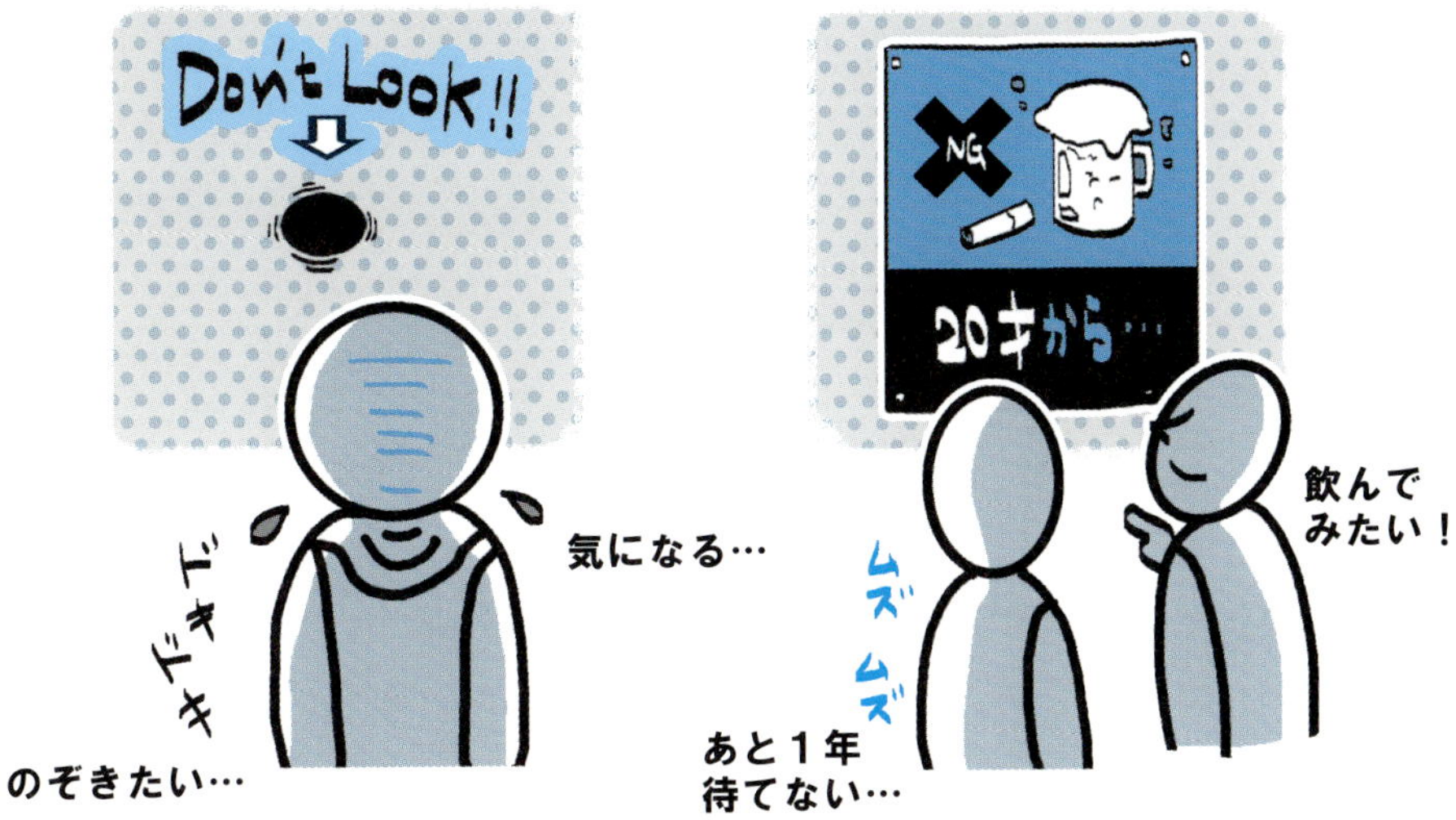

が実際いくらでも出てくる。

誰はばかることもなくタバコが吸える年齢になったら、「刺激がなくてつまらない」というので吸うのをやめてしまう者もいて、「二十歳の禁煙」なる言葉もあるほどだ。

カリギュラ効果を利用した商売

カリギュラ効果は、商売に大いに利用されている。雑誌に袋閉じページを作って立ち読みできないようにして期待感を煽ったり、料亭が「一見《いちげん》さんお断り」の看板を出したり。

はたして中身のほどはどれほどなのかわからないが、障害を設けられると欲望は煽られるばかりである。

11 「ちょっと試しただけ」のはずが……

一度体験してしまったものは手に入れたくなる

化粧品店に行くと試供品が山のようにあり、食料品売り場には試食コーナーがつきもの。アパレルショップでは、気になる服を見つけようものなら、「よろしければ、ご試着なさってください」と声がかかる。**とにかく試してみてください、というのが商品販売の方法として有効なのは「疑似体験」の効果があるからだ。**

アメリカで次のような実験が行なわれた。タバコを吸う学生に、肺ガン患者の役を演技させるロールプレイング・ゲームをやらせた。彼女はゲームの中で、「あなたは肺ガンであり、手術が必要です」と宣告される。そして、手術やその後の経過を医師と話しあう。

すると、ゲームが終わった後、喫煙者だった学生がタバコをやめたり、本数を減らしたのだ。

口で説明されて納得できないことも、体験してみると案外すんなり受け入れてしまうものなのだ。

おひとつ いかがですか？
おいしい ですよ！
ホントに おいしいの…？
おいしい！ 家族に買って いこう

言葉で説明されるより、体験したほうが受け入れやすいこともある

第3章

こうしてあなたも騙される

無料体験で負い目をつくる

エステ商法の心理戦略

女性なら誰もが持つ「美しくなりたい」という願望につけ込んだエステ商法がある。

雑誌広告やテレビＣＭなどで「今なら三十分無料で体験」などと宣伝して希望者を募集したり、街頭で「簡単なアンケートをお願いできませんか」と声をかけ、「今なら無料でエステが体験できます」とエステ・サロンに誘われる。

「無料ならいいな」と思ってサロンに行く人は多い。すると、確かに簡単なフェイシャル・エステやマッサージをやってくれて、心地いい体験をさせてくれる。

ところが、これで終わるはずがない。心地よくさせて気持ちがゆるんだところで、執拗《しつよう》な勧誘がはじまるというわけだ。

すでに無料でエステをやってもらった客のほうには、まるで「親切」にしてもらったかのような錯覚が生まれている。**本来無料でやったのはエステ・サロンの勝手な営業戦略なのだが、その「親切」に報いようという心理が芽生えてしまうのだ。**

心理的な負い目を感じると断りにくい

対価として金銭を払った場合には何も感じなくて、**タダでしてもらったことに対しては、人間はどうしても心理的な負い目を感じてしまう。**そして、その先の相手の要求を、むげには断りにくい心理状態になってしまうのだ。

これが、エステ・サロン側の狙いである。エステの料金は決して安くはない。回数券制になっていて、ま

〈心理的な負い目を感じると断りにくくなる〉

とめて何十万円もの契約をさせられることが多いし、それに加えて化粧品などを買わされたりすることもある。

「お人好し」の悲劇は止まらない

エステで泣いた女性の悲劇はここで終わらない。こうして入会してしまった女性は、元を取ろうとエステに通おうとするわけだが、そもそもそうやってカモられてしまったお人好しだけに、エステに行くたびに余計な化粧品や美容下着などを買わされ、くりかえしひどい目にあって泣いているというケースもある。

もっとも、実際にエステが受けられるのは確かだし、エステの方式に問題があってケガでもしない限り、「エステを受けたのに、美しくならなかった」などと言って訴え出ることはできないだろう。そういう意味では詐欺とは言えないのかもしれない。

02

時間が経つと情報源の信憑性は忘れてしまう

良くも悪くも有名になったものが勝ち？

まったく同じ内容のメッセージでも、信憑《しんぴょう》性が高そうな送り手からのほうが説得効果が大きいのは、アメリカの社会心理学者ホブランドとワイスによる実験で証明されている。情報源として一般的に信憑性があると提示されたものには、より大きな説得力があるというものだ。

ところが、その実験を行なってから四週間後、あらためて被験者の意見を調査してみると、当初の意見と逆転していることがわかった。つまり、信憑性の低い情報源に影響された数が多くなっていたのだ。

これは、説得における「スリーパー効果」と呼ばれる。**もともとの情報の送り手の信憑性が高かろうが低かろうが、時間がたってしまうと、人はその情報の内容を受け入れるようになってくるというものだ。**

つまり、情報の内容は覚えていても、情報源の信憑性については、記憶の中であやふやになりやすいということである。

記憶に残るのは「有名」ということだけ

街を歩いていて、ある看板を見かけたとき、「そういえばどこかで聞き覚えのある店の名前だな」と思うことがある。

はっきりとは覚えていないが、雑誌かテレビで見た。**マスコミに載るくらいだから有名な店に違いないと、無意識のうちに判断しがちである。**

その情報源が、スポーツ新聞の限りなく広告に近いパブリシティ記事だったのか、テレビの食べ歩き番組なのか、あるいは食中毒を出したというニュースの画面なのかは覚えていなくても、とりあえず「有名な店らしい」という記憶だけは残っているものである。

〈時間がたつと情報源は忘れ去られる〉

情報源はあやふやになっても
内容は記憶に残る

03 脅しは「やんわり」がホントに怖い

恐怖感を伴う脅しはかえって逆効果

日本では自動車免許の更新のとき、交通事故の恐ろしさをこれでもかというほど映したビデオを見せられる。はたしてあれに効果があるのかどうかは、心理学的には疑問の余地がある。アメリカの心理学者ジャニスとフェシュバックが次のような実験を行なった。

虫歯の予防についての講習会に参加する人たちをA・B・C三つのグループに分け、それぞれに歯磨きがいかに大切かという講習を受けさせる。

その際、Aグループには、虫歯の末期症状などを示した悲惨なスライドを見せ、Bグループには、比較的ソフトなスライドを、そして、Cグループには不快なスライドは一枚も見せず、歯の成長や機能に関するスライドだけを見せた。

この後、すべてのグループに「だから、歯は大切にしなければならない」という内容の講義を行ない、参加者がどの程度講義の内容に同感したかを調査した。

スライドを見せた直後では、恐怖の度合が強いほど自分の虫歯を心配する傾向が顕著だった。これは当然と言えるだろう。しかし、その後の講義について同感した者は、Cグループが一番多く、ついでB、Aの順となった。**つまり、見せられたスライドの恐怖度が弱いほうが、講義の内容をよく理解したという結果だ。**

強い恐怖は忘却や敵意をもたらす

あまりに強い恐怖感が生じると、その不快感をもたらした情報じたいを否定したい気持ちが強くなり、それを忘れようとする心が働き、ついにはその情報をもたらした対象に敵意を抱くようにさえなるからだ。

脅迫的な手段で説得をすることは、一見効きそうに思えて、実は逆効果なのである。脅すにしても、相手を傷つけないように情緒的な緊張感を与える程度に、やんわり脅すことが大切となる。

〈強い恐怖感は否定したい気持ちが強くなる〉

過度な恐怖を与えることは
かえって逆効果

04 小さな真実を明かして、全体を信じさせる

一%の真実で、すべてを信じてしまう

「あなたは本当は人見知りするほうなのに、他人からは積極的だと思われていて、真の自分の姿との間にギャップを感じていますね。お人好しなばっかりに、うまく振る舞うことができずに、人間関係ではちょっと損をしていることも多いでしょう。そして、本当は外見よりも、心の中身が大切だと考えていて、容姿や物質的なものへのこだわりはあまりないほうです」

あなたについて、こんな占いの結果が出たら、どう思うだろうか？

これだけたくさんの要素を含むことを言われれば、誰だって一つぐらいは思い当たるポイントがあるはずである。

そして、たとえ他のすべてが外れていようと、「あ、当たってる。やっぱり」と思いかねないものだ。

このように、一部分が真実だと思うと、それに付随《ふずい》する他の部分も無批判に受け入れてしまいがちな心理状態が生じてしまう。

一部の真実で大きな嘘を覆い隠す

まずは少額の借金を何度も重ねて、長期間かけて返済実績をつくって信頼させ、すっかり信頼関係をつくったところで多額の金を借りてそのままドロンしてしまうという典型的な詐欺師も、この心理をうまく利用していると言えるだろう。

また、悪質な脱税者は、税務調査が入ったときを想定して、帳簿の一部にわざと単純なミスをつくっておくのだという。そうすると、経験の浅い調査官なら、このミスが見つかった時点で満足してしまい、そのウラにある巨大な脱税は見逃してしまいがちだという。

〈１％の真実が油断を誘う〉

わずかな真実を見ただけで
すべてを信頼してはいけない

05

「お父さん」を持ち出されると心を動かされてしまう

選挙に勝つノウハウ

アメリカで行なわれた実験である。選挙についてのラジオ番組で、A・B・Cの三人の候補者を次のように紹介した。

A候補……政治家としての専門的資質や学歴、政治家としての人となりを詳しく紹介。

B候補……これまでの政治歴、およびその実績を紹介。

C候補……子煩悩《こぼんのう》であり、犬を連れて毎朝散歩することなど、私生活の話題を紹介。

番組のリスナーに、この中の一人に投票するよう要求すると、圧倒的な勝利をおさめたのはC候補だった。

選挙に当選するのは、政策よりも候補者に親しみを持ってもらったほうが得策なのだ。**そのためには、ちょっとしたプライバシーを明かすと効果的である。**

イギリス王室が国民に親しまれているのは、私生活がある程度オープンになっているからであろう。

信頼を得るために親近感を持たせる

初対面の人間、あるいはまだあまり親しくない人間に信頼を抱かせるためには、何よりも自分に親近感を持ってもらうことが必要だ。

その点、政治家などはこの能力に長《た》けている。選挙になれば、支持者を回って「ところで、お父さんは元気かね？」などと声をかける。その候補者が「お父さん」を本当に知っているかどうかは問題ではなく、声をかけられたほうは喜んでしまうことは間違いないのである。

「ご両親」「奥さん」「お子さん」など、自分の自我の一部になっているような親しい人を、思いもかけないところで話題にされると、人の心は揺れ動くものだ。**相手の心の中に、自分との共通点を見出したような気になって、親近感を抱いてしまうのである。**

〈プライバシーを明かすことで信頼度アップ！〉

自分と相手の中に、共通点を見出せると親近感が生まれる

06 心をつかむには「ささいな共通点」

同郷の人には親近感を抱きがち

「え？　××の出身？　なんだ、同郷じゃないですか！」偶然会った人とでも、この一言で急に親近感が生まれてしまうことがある。

　同じ出身地、同じ出身校、同じ趣味などなど、どんなささいなことでも、**共通点があるというのは、親密度を抱く十分な理由になる。**心理学でいう「類似性要因の効果」が働くのだ。

　ときには「イニシャルが同じ」などという、取るにたらないような理由でも親近感を抱いてしまうのは、人の心の深層には「孤独はいやだ」「人と仲よくなりたい」という心理があるからだ。

親近感を抱いた人物を「いい人」だと思ってしまう

　すべての人間が善人ならそれでもいっこうに構わないのだが、そこにつけこむのが詐欺師である。

「実は××高校△△年卒の後輩で……」などと電話をかけてくると、ついついこちらも聞いてしまうもの。後輩であることじたいは本当でも、その正体は卒業生名簿で片っ端から電話をかけている先物取引の勧誘だったりする。

　女性から電話がかかってきて、「東京に出てきて、なかなか故郷の話ができなくて」などと言われたものだから、鼻の下をのばしてノコノコ会いに行き、一～二回デートしたまではいいものの、ある日キャッチ・セールスの事務所に連れて行かれて、英会話教材などの購入を迫られるというのは典型的な「アポイント商法」の手口である。

　同郷というだけで、つまり**自分に近いというだけで、相手はいい人物だと思ってしまう心理状態に陥《おちい》ってしまう。**そうなってしまえば、あとは詐欺にひっかかる素地を自分でつくっているようなものだ。

〈共通点があるだけで油断が生まれる〉

07

黄昏時は暗示にかかりやすい

疲れている時間帯を狙ったヒトラーの手口

「彼は、演説会場に定刻よりたいてい数分遅れて到着する。聴衆を今か今かとジリジリ待たせる。これは演説への期待を大きくさせる効果を狙った行動だ。演説は必ず黄昏時《たそがれどき》に行なわれ、演壇にのぼると、太鼓がとどろき、右手を高くあげる派手なジェスチャーでライトを浴びて登場し、まず群衆の目を注目させる……」

「彼」とは、ナチス・ドイツのアドルフ・ヒトラーだ。ヒトラーが大衆を意のままに動かした手法は、人間の深層心理をうまく利用したものであった。「黄昏時の大集会」もその一つだ。人間には、心や体を支配している自然のリズム、ボディ・タイム（体内時間）があり、時刻によって心や体の状態がずいぶん違う。黄昏時というのは、日中の活動が終わって疲れがピークに達し、ボディ・タイムが一番不調な時間帯なのである。

疲れていると判断力・思考力が低下し、反論しようとする気持ちが薄まって周囲のペースに巻き込まれやすくなる。そこで、めいっぱい群集心理を煽って「ハイル・ヒットラー！」の叫びとともに、演説を頭の中に流し込むのだ。

黄昏時の人間の心理を使った詐欺

ヒトラーまでいかなくとも、現代でも「夕暮れ商法」と呼ばれる悪質商法が存在する。きちっとスーツを着て現れて、会社帰りのサラリーマンに声をかける。

「今、納品の帰りなんですが、納品数のミスがあって、これだけ余らせてしまいました。このままでは会社に帰れません。一万円でもいいから買っていただけませんか。差額は私が何とか自腹を切ります」商品はライター、腕時計や貴金属、スーツなど。「本来は×万円」などと口上がつくが、たいていは粗悪品だ。これも黄昏時の人間の心理をうまく使い、また、**サラリーマンならではの悲哀をも演出して同情を引いている。**

〈疲れている時間帯は、相手のペースに巻き込まれやすくなる〉

黄昏時はボディ・タイムが
一番不調な時間帯

08

お役所には誰もが弱い

「消防署の方から来ました」

身分を偽ってモノを売りつける「かたり商法」は詐欺の中でも古典的な手法の一つ。その中でも、これだけ有名なのに騙される人がまだ後を絶たないのかと思うのが、「消防署の方から来ました」といって消火器を高く売りつける詐欺だ。

「消火器の取り替えに参りました」とか「新たに消火器の設置が義務づけられました」などと言って、それっぽく見せるために制服のようなものを着ていることもあるのだ。

「消防署から」と言わないで「の方から」と言うのは、詐欺罪に触れないための微妙なテクニック。「消防署から」と言ったら明らかな嘘であるが、「方から」なら、確かに消防署の「方角」から歩いて来たという意味にもなるのである。

権威の威を借る詐欺師

同じように、「今までの電話機が使えなくなりました」とか「××××には新しい電話機が必要です」などと言って、電話機を売りつける商法もある。

他にも「××電力」「△△ガス」などと名乗って、点検・修理代を騙し取る手口。「水道局の方から来ました」と言って浄水器を売りつけたり、「保健所の方から来ました」と言ってコンドームを売りつけたり、シロアリ駆除を勧めたりする商法がある。

「振り込め詐欺」の手口として、警察官をかたって「あなたのご主人が痴漢で捕まった。示談《じだん》金を振り込むように」と指示するケースもある。

いずれも、権威をかたって、人間の権威に弱い心理をついているものだ。

〈人は権威に弱い〉

権威に弱いという心理をつかれる

09 「認めてほしい」願望につけ込まれる

ヘッドハンティング詐欺

日本ではさほど一般的ではないが、アメリカなどのビジネス界では、優秀な人材を別の企業に引き抜くヘッドハンティングは盛んに行なわれている。奇《く》しくも日本でも終身雇用・年功序列が崩壊し、一つの企業に一生忠誠を誓うという気風は薄れてきている。ヘッドハンティングの存在も知られるようになった。

中規模の商社で部長を務めるTさんのもとに、ヘッドハンティング会社のスカウトを名乗る男が接触してきた。名刺には外資系らしきカタカナの社名がある。

「M社が優秀な人材を探しています。一度お話を聞いていただけませんか」その社名は誰でも知っている大手商社。**Tさんは、はじめは信じられないという気持ちだったが、徐々にその気になってきた。**

ついに能力が正当に認められた！

なぜ途中で気が付かないのか？

長年会社に尽くしてきたが、どうも先が見えてきた。会社は私の能力を活かしきれていないのではないか？それが証拠にM社が私の能力に目をつけているじゃないか。

Tさんがそんな思いにかられるなか、スカウト氏は釘を刺す。「ヘッドハントというのは極秘に行なわれるのが絶対条件です。話が漏れて、引き留めや妨害がはじまってはまずいのです。他言は絶対に避けてください。M社に直接おたずねになっても、危機管理のため、この話は存在しないことになっています」

もちろんTさんは契約書にサインする——真っ赤な詐欺であるとも知らずに。ホンモノのヘッドハンティ

〈認められると、冷静な判断ができなくなる〉

ングも秘密裡《ひみつり》に行なわれることは確かなのだが、こちらは詐欺。**要するに誰にもバレずに騙し続けられる舞台がこれで整ったというわけだ。**

スカウト氏は、保証金という名目で百万円近い額を預けさせる。これは移籍の話がまとまれば返還されるものだ。その前に、高額の移籍料の話をしてあるから、話はスムーズに進む。

「認めてほしい」願望が判断能力鈍らせる

私にもようやく運が巡ってきたか。

Tさんはにんまりする。**自分の能力が求められたときは、何よりも嬉しいものである。そんなウキウキした気持ちが冷静な判断を鈍《にぶ》らせる。**

ここでスカウト氏は保証金を持ってドロンならまだ良心的と言えるかもしれない。しかし、スカウト氏はまずTさんの上司に情報を漏らす。当然社内で問題になり、Tさんは真っ青になる。

それに追い打ちをかけるように、スカウト氏は「契約違反」を楯《たて》に迫り、まんまと保証金をせしめて去っていくのだ。

10 回避不可!? マインド・コントロール

計算しつくされた心理操縦

人の心を外側から操ってしまうことをマインド・コントロールと呼ぶ。これはかつて、オウム真理教がフル活用したことで有名になった。

いったん脱退したはずの信者がすぐ教団に舞い戻ってしまったケースは多く、脱・マインド・コントロールがいかに困難であるかが知られている。実際にはまってしまったら逃れるのは難しい。

マインド・コントロールにはいくつかの方法がある。

●感覚を遮断する……いわゆる「洗脳」である。「研修」などと称して、外部の人間と接触できない所へ連れて行き、狭い部屋に閉じ込めたりして、外界からの情報を長い時間にわたって一切遮断してしまう。

外界からの情報がない状態では、人間の心は不安を感じるとともに刺激を求める飢餓感《きがかん》に襲われる。**この状態のときに取り込まれる情報は心の深層にまで染み渡るのだ。**つまり、人間はきわめて暗示にかかりやすい状態に陥る。

こうした状態を作り出しておいて、教義なり何なりのメッセージをくりかえしくりかえし吹き込むのである。

食べさせない、眠らせない

●食事を制限する……食事の量を極端に減らすと血糖値が下がる。これによって意識がもうろうとし、判断力・思考力が低下することが知られている。このとき、人間の心は暗示にかかりやすくなる。

極端に栄養価の低い食事しか与えずに空腹感を作り

③眠れない

〈暗示にかかりやすい状態とは？〉

①外部と接触できない　　②食事を制限される

極限状態では暗示にかかりやすい

出したりするのがこれに当たる。

●眠らせない……食事制限と同様、眠らないと意識がもうろうとする。**人間は誰でも眠らないでいると三十六時間程度で幻覚を見はじめることが知られている。**このときも暗示にかかりやすい状態となる。

宗教団体の合宿や、一部の自己啓発セミナーなどでは、疲労させた上に睡眠時間をわずかしか与えないことがある。

ソフトなマインド・コントロールを応用した行為

マインド・コントロールを本格的にやってしまうとカルト宗教集団のようなことになるが、日常何気なく行なわれている商行為などにも、ソフトな応用がなされていることは間違いない。

キャッチ・セールスで街中で声を掛けた客を事務所に連れていき、長時間帰さずに、ちょっとした監禁状態に置いてしまうのも、その一つだ。

逃げ出せない状況にしておいて、何人もが寄ってたかって説得をし、客を疲労困憊《ひろうこんぱい》させて契約に持ち込んでしまうのである。

11 自信たっぷりな態度に騙される

判断力への不安につけこむ手口

人に騙されやすいとされるタイプの一つに、自分に自信を持てない、自尊心の低いタイプがある。自尊心とは、自分の持っている能力や実力などを好意的に評価することである。他人から称賛されたり、認められたりすれば、自分の能力に自信が持て、自尊心が生ずる。この自尊心が低い人には次のような特徴がある。

・他人からの評価に自信がなく、言動は控えめ。
・対人関係に不安を持っており、目立つのを嫌う。
・本当は他人に強い不信感や反感を持っているのに、自分の気持ちを表に出すのを避ける。
・失敗に対して後悔する気持ちが強い。
・責任感が強く、凝《こ》り性だが、悲観的。

このように自尊心が低い人は、自分で判断し決定する能力に不安があり、自信を欠いているので、自信を持った態度で説得されると、応じてしまいがちである。

自分で決めて失敗したくない…
こうしたほうがいいって！
絶対に大丈夫だから！
任せてよ！
そうします

自尊心が低いと人に引きずられてしまいがち

12 やさしくされて騙される

独り暮らしの老人の孤独な気持ちにつけ込む

多額の被害を出したリフォーム詐欺。被害に遭ったのは、多くが独り暮らしのお年寄りだった。突然訪問してきて、「お宅を無料で診断させていただきます」と言うと、天井裏や床下をのぞき込み、「老朽化が激しい」「床下にシロアリがいる」などとでっちあげ、高額な工事費用を請求するという手口だ。独り暮らしのお年寄りはたいてい孤独で寂しがっている。

子どもたちでさえめったに会いに来てくれないのに、営業マンは頻繁にやって来て、話し相手をしてくれたり、やさしい言葉をかけてくれる。ついつい信頼してしまい、騙されてしまったというわけだ。

家族には内緒で多額の金銭を払っていたお年寄りも多かったが、家族にバレたときも、家族よりもやさしくしてくれたのだからといって営業マンの肩を持ち、騙されたという実感がないお年寄りもいたという。

孤独や寂しさが
判断力を鈍らせる

13 親切心につけ込んで騙す

人は誰でもいいことをしたいと思っている

「私のかわりにこのお金をあの店に届けていただけませんか。事情があって自分で行くことができないので……」

街中でそんなふうにワケありげなお願いをし、分厚い札束入り（のように見える）袋を見せる。

そして、相手が承諾《しょうだく》すると、

「疑う気は毛頭《もうとう》ないんですが、私にとっては大金なので、ついては、あなたの持ち物を何か預からせていただけないでしょうか」

頼まれた側は、大金を預かるということで、つい何らかのものを、自分からも預けねばならないような気になってしまう。

そして、詐欺師は預けられた財布などを持って、そのまま逃げてしまうのである。

責任感や思いやりの強さが見る目を曇らせる

一九八四年には、この手口で五〇人もの人を騙した男が捕まっている。

真面目そうな若者を狙えば、成功率は一〇〇％であったというから、世の中にはまだまだ見ず知らずの赤の他人を信用してしまう、お人好しが多いということか。

人は誰でも人助けをしたいとか、いいことをしたいということを、基本的には思っている。ふだんそうしていない人ならなおさらであろう。

そんなやましさも少なからずあるからか、**ここぞとばかりに他人に親切心を見せて、あっさりと騙されてしまうのである。**

〈人助けをしたいという気持ちにつけ込まれる〉

普段そうできていない人ほど、
人助けしたいという気持ちが強い

14 「あなただけに」の嘘

あやしい話とわかってはいるが…

かつてテレビのテレフォン・ショッピングでは「テレビをご覧のあなただけに！」というセリフがよく使われていた。

冷静に考えれば、何百万人もいる視聴者を前に「あなただけに」はないものだが、あれはあれでけっこう効果があったという。

人間、何らかの形で「自分の実力が不当に低く評価されている」といった不平不満を持っているものだ。「あなただけに」という言葉は、その自尊心をくすぐり、人を無防備にさせる。

「厳正なる抽選の結果、一万人の中からあなたが選ばれました」

「年収二〇〇〇万円以上の選ばれた方々だけに」

などと突然かかってくる電話に、あやしい話だとわかっていながら、ついつい聞き入ってしまうのも、自尊心をくすぐられ、もしかしたら今こそ自分の実力が認められるときか、という願望から来る心理状態の表れなのだ。

「資格商法」のワナ

典型的なものに「資格商法」がある。

「××士」「△△鑑定士」「〇〇インストラクター」などのもっともらしい資格を勝手につくり、その資格取得のための講習会に参加する一人に「あなただけが選ばれた」と言うのである。

「近く国家資格になります」などと言葉巧みに誘われ、結局は、その実体のない資格のための講習会参加費や

〈「あなただけ」に注意せよ！〉

ら教材費やら登録料やらをむしり取られることになる。

「××士」という国家資格などとまぎらわしい資格名を名乗ることから、「士」の字を取って「サムライ商法」とも呼ばれている。

プライドが邪魔をする

これにひっかかりやすいのは、ある程度実力があって上昇志向のあるエリート・サラリーマンが多い。「あなただけに」というプライドをくすぐる言葉に、ついつい心を動かされてしまうのだ。

さらに始末の悪いことに、本人のプライドが邪魔をして、そしてコトがコトだけに、事前に他人に相談していない場合が非常に多い。

騙されたとわかった後も、そのプライドの高さゆえに、泣き寝入りするケースが多いということだ。

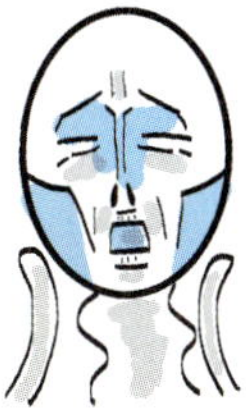

15 本物の詐欺師こそ「澄んだ目」をしている！

「目を見ればわかる」と信じてはいけない

視線をそらしたりするのは、嘘をついている証拠だと一般的によく言われている。

しかし、実はそんなことで見破られてしまうようでは、本当の詐欺師ではない！

こんなにきれいな澄んだ目で嘘をつくはずがない、と思って信じきっていたら、しっかり大嘘だったというのが、本当の詐欺師なのだ。

嘘をついているサインが表に出るのは、その嘘に罪悪感を抱き、不安に思っていてこそのこと。詐欺師の中には、人を騙すことにまったく罪悪感を抱いていない者も多いのだ。

つまり、**敵を欺《あざむ》くにはまず味方から、相手を騙すにはまず自分からの意識である。**プロの詐欺師はむしろ相手の目をまっすぐ見つめ、落ち着いて威厳たっぷりに説得をするものなのだ。

目を見れば
わかるわけではない！

16 「少しだけなら……」と油断してしまう

塵も積もれば……の寸借詐欺

「すぐ返すので、ちょっと貸してほしい」と、ありとあらゆる口実を使って同情心を誘い、わずか数千円の金を騙し取るのが寸借詐欺だ。額が少なく、たいていの場合はあっという間の出来事のため、よほど被害者が多くないと足はつきにくく、被害届けを出さない場合も多い。ただし、一件あたり数千円でも、塵《ちり》も積もれば山となる。中には二〇〇件以上の寸借詐欺をくりかえし、三五〇万円を稼《かせ》いだ寸借詐欺師もいる。

その口実はさまざまだが、「財布を落としたので、電車賃を貸してほしい」などたわいのないものが多い。寸借詐欺が成功する率が高いのは、額が少ないのはもちろんのこと、同情心をうまく利用しているからだろう。**困っている人を助けなければかわいそう、という心理をつくわけだ。**騙されたと気づかなければ「いいことをした」とハッピーな気分でいられるのであるが。

同情心を誘われると
人は弱い

17

信ずる者は救われる、こともある

偽の薬に効き目あり。「プラシーボ効果」

健康食品や健康法、あるいは霊感商法などでは、「効き目がなかったのに、多額の負担を強《し》いられた」ということが社会問題化のきっかけになる。

ところが、反・霊感商法の運動が活発になると必ず現れるのが、「間違いなく効いた」という人々だ。

「プラシーボ（偽薬）効果」というものがある。例えば、「睡眠薬だ」と言ってビタミン剤を与えると、きちんと眠くなってくることがある。

また、「これは鎮痛剤のモルヒネだ」と言って、ある患者にはモルヒネを、他の患者には本来は鎮痛効果のない偽薬を与えた。すると、偽薬を服薬した患者のうちの四〇％の痛みが、本当に止まってしまったという。

効くにちがいない、と心から思っていれば、肉体もそれを受け入れて、本当に効果が現れてしまうこともあるということだ。

心と肉体のつながり

「病《やまい》は気から」とはよく言ったもので、それほど**人間の心の働きと肉体の生理的現象とは、密接なつながりがあるのだ。**

たとえ健康食品や心霊手術やお祓《はら》い、あるいは宗教に入信した後で病気が治ったにしても、本当にその効果によって治癒《ちゆ》されたのか、あるいは、それをきっかけに精神状態が安定したり、ストレスが軽減されたために癒されてしまったのか、たまたま治る時期にあったのか。

真相は誰にもわからない。

〈信じるとホントに効果が出る！？〉

心の働きと肉体は
密接につながっている

18 神秘体験は人工的に起こせる!?

感覚を遮断されると幻覚を見る

一部の新興宗教は、神秘体験・超常体験を強調し、それを自分たちの宗教・教祖によるパワーであり、教えの正当性を保証するものとして謳《うた》っている。

オウム真理教を脱退した元信者の中にも、教団がやったことを理屈では否定するものの、「ビジョンが見えた」「前世を知ることができた」「光に包まれ祝福を受けた」「肉体の感覚が完全に消滅し、解脱《げだつ》体験を得た」などの自分が直接体験したことに関しては、完全には否定しない。そして、それらは修行の成果による「ホンモノ」だと信じている者も多いという。

しかし、例えば心理学では「感覚遮断実験」というものがある。防音された小部屋に入れられ、目には半透明のゴーグルをつけ、耳にはスポンジを詰め、手も覆《おお》ってしまう。

このように感覚器官に刺激を与えない状態で過ごすと、人間は落ち着きをなくし、思考がまとまらなくなり、不安感が増して**一日もたたないうちに、早い人では二十分で幻覚を見るようになることがわかっている。**

すべては脳内物質の働き

これは心理学のごく基礎的なことなのである。オカルトの世界で「幽体離脱」などと呼ばれる「ベッドに寝ている自分をもう一人の自分が見ている」といった幻覚を見る者もいる。

確かに「体験」は本物であっただろう。

しかし、それらは教祖のパワーなどによるものではないし、その宗教の信者にだけ特別に起こるものではない。単なる脳の働きである。

大脳生理学によると、感覚遮断によってエンドルフィンという脳内物質の分泌《ぶんぴつ》が促《うなが》され、その働きで幻覚を見るのだという。

〈超常現象は単なる脳の働き！？〉

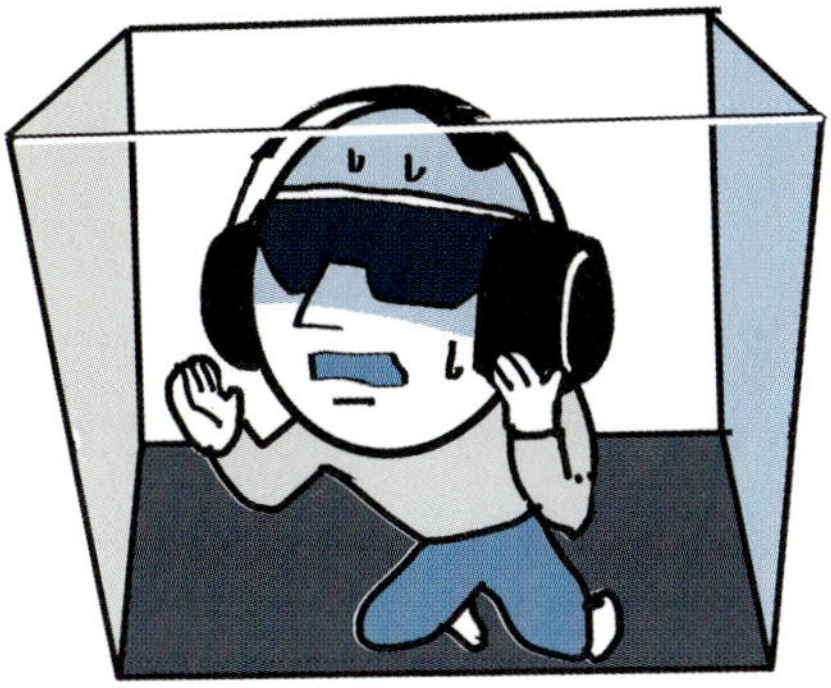

防音・ゴーグル・耳栓などで
感覚を遮断されると…

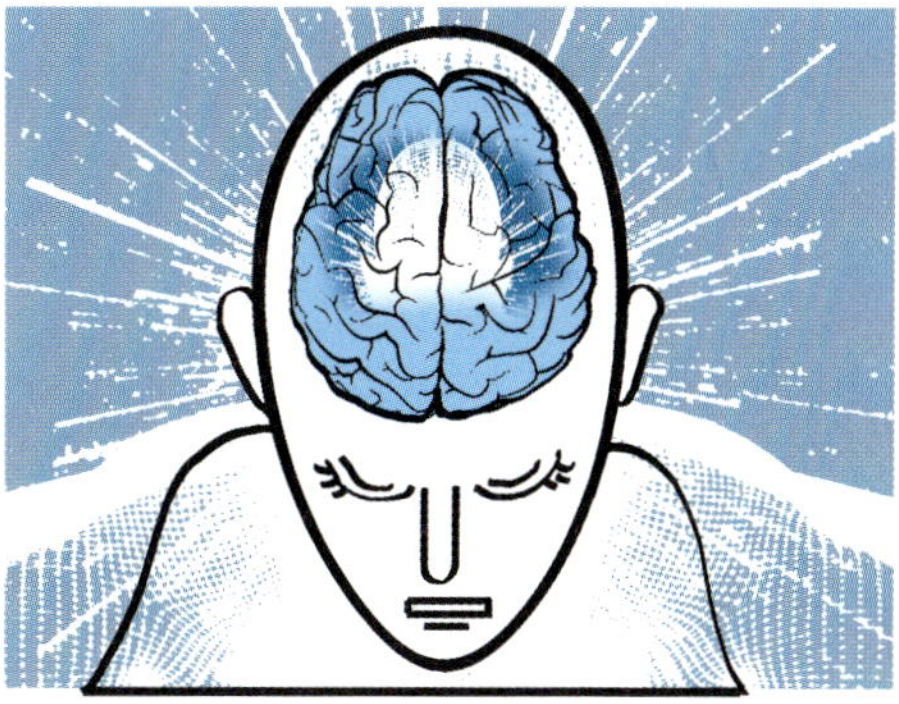

脳内物質の
エンドルフィンが分泌

幻覚を見ることも！

感覚を遮断されると
神秘体験が起こりやすい

19 なぜか「イエス」と言ってしまう誘導法

ソクラテスが得意とした技法に打ち勝てるか？

東京にある本社に勤めるAさんに地方営業所への転勤の話が持ちかけられた。しかし、Aさんは、これに難色を示し、ついに社長に呼び出された。

社長「やあ。A君、元気でやってるかい？」
A「はい。おかげさまで元気でやっております」
社長「A君も、もう四十になったんだなあ」
A「はい。先日ついに大台に乗りました」
社長「そうすると、寅年だね？」
A「はい。寅年です」

社長「ところで、郷《さと》のご両親はお元気かね？」
A「はい。おかげさまで」
（会話が続く）
社長「では、営業所に行ってくれるね」
A「はい。行かせていただきます」

Aさんは、なぜ社長に説得されてしまったのだろうか？

「イエス」をくりかえしていると…

これは、古代ギリシャの哲学者ソクラテスが得意とした「ソクラテス式問答法」と呼ばれるものである。ソクラテスは人を説得する名手としても知られていた。

相手の誤りを指摘するようなことは決してせずに、相手が「イエス」と答えるような質問を次々と浴びせていき、いつの間にか、はじめは否定していた問いに

〈同じような状況だと、前と同じ言動をくりかえしてしまう〉

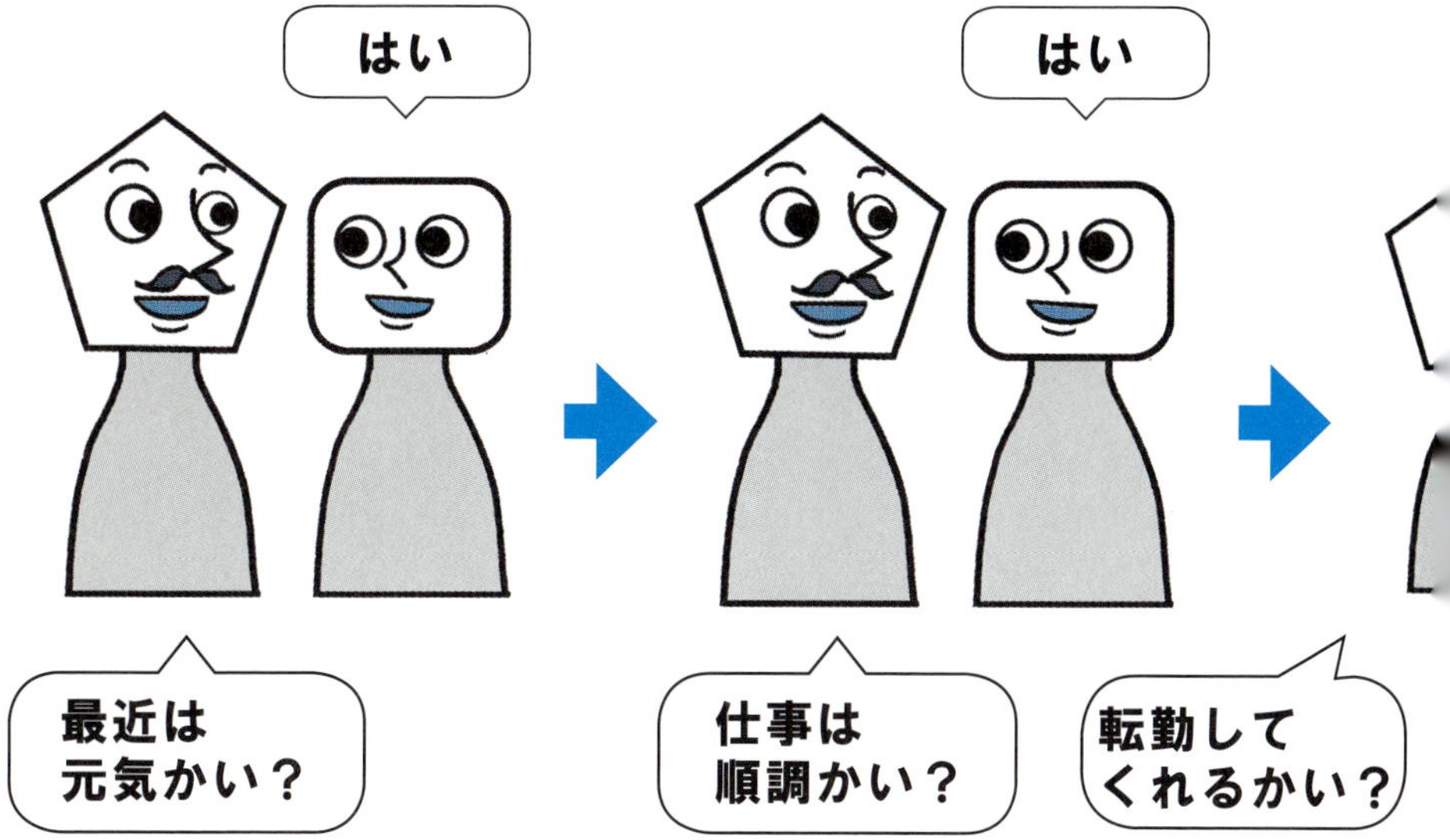

対しても「イエス」と答えさせてしまったという。

心理学に「自己概念」理論というものがある。

ある状況の下で一定の決断（言動）をした直後に、同じような状況に置かれると、前と同じ言動をくりかえす傾向があるというものだ。

つまり、自分の概念を一定に保ちたいという欲求が働くのである。

流されずに「ノー」と言うために大切なこと

「はい」としか答えようのない質問に「はい」「はい」と何度もくりかえし答えているうちに、しだいに拒否する姿勢を失っていく。

そして、ついに肝心の質問にも「はい」と答えてしまうという、なんとも恐ろしい心理法則である。

ベテラン・セールスマンも、このテクニックを活用しているから油断できない。

これから身を守るには、相手が意図的に「はい」と言わせようとしている質問をはぐらかし、「ノー」と言える心の構え（メンタルセット）をつくることが必要となる。

20 非難をあっさり認めてしまう

認めてもらったことで満足して信頼してしまう心理

「一度だけでいいんです。騙されたと思って、これを使ってみてください」こう訪問販売のセールスマンに言われて、騙される人は多い。

悪質な訪問販売が多いとわかっていても、こういったことは後を絶たない。もともと粗悪品だと自覚しているセールスマンなら、商品の優秀さを宣伝したりしない。かえって警戒されるうえ、何か反論されたら、答えなければならないからだ。元が粗悪品であるから、その釈明がまた警戒を招くのがオチである。

「お疑いになる気持ちももっともです」この言葉に人は弱いのである。**自分が考えていることを相手が認めてくれると、人は安心してしまう。**疑いがあることを認めたことと、疑いがなくなったこととはまったく違うのに、そこが心のスキというものである。

疑念を進んで認めると、
疑わしさが薄れる

第4章

男と女は
いつも「騙しあい」

01 頻繁に会っていると、いつかは好きになる？

「いつもいっしょに帰ってた」だけで親密に

二人の人間の親密度は、二人の間の物理的な距離と、視線の接触の量に影響されることがわかっている。

帰り道が同じだからいつもいっしょに帰っていたと思ったら、いつの間にか恋人どうしになっているというのは、よくあることだ。理由を聞いても「いつもいっしょに帰ってたし……」ぐらいで他に理由が思い当たらない。そのいっしょに帰っていたことが重要なのだ。

意中の人がいたら、何かと口実をつくって電話したり、会う機会をつくったりするのは正解といえる。あまり好きではない人と話すときは、なるべく遠ざかり、視線をそらそうとし、無意識のうちに相手との距離を調整しようとする。**こうした調整の仕方を「親和葛藤理論」と呼ぶ。**逆に、好きな人がいたらとにかく近くにいて、口実をつくり頻繁に会い、会話を交わし、そして視線を交わすのが、好意を持たれる近道と言える。

親密度は物理的距離に影響される

02

女性は触覚を重要視する

手に取ってみないと気がすまない心理

ネットショッピングやテレビなどでの通信販売が流行しているが、買い物をするとき、いくら写真や映像を目にしていても、実際に手に取ってみないと買う気になれない、という人は特に女性に多い。そして、実際に品物を見て買うにしても、男性は形を外側から見て判断しようとするのに対して、女性は品物を触ってみて品定めをする傾向が強い。

聴覚や視覚などの五感のうち、女性が最も重要視しているのが、触覚なのである。自分の手が触れた感触で、すべてを決めるのが女性なのだ。

女性が男性に触れるのは、好意のある証拠である。また、女性の腕や背中、肩などに軽く触れることは、女性にとって大きな刺激となり、性的興奮を呼び起こすことになる。しかし職場で無闇《むやみ》にこれをやると、セクハラと訴えられるので注意してほしい。

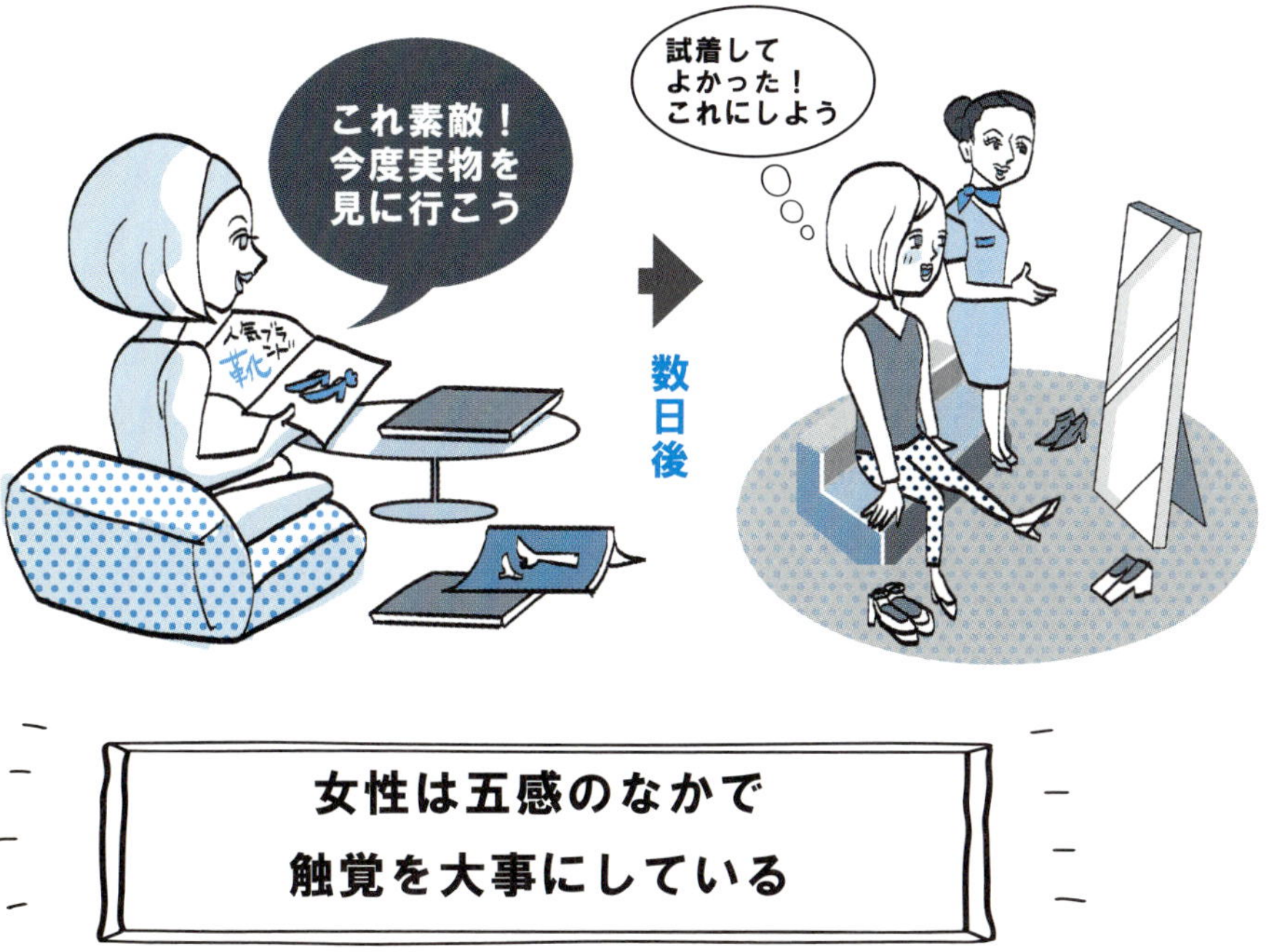

女性は五感のなかで
触覚を大事にしている

03 「デートは遊園地」は効果的

乗り物によるドキドキが、恋のドキドキにすり替わる

よくデートの場所に遊園地が選ばれる。

いっしょにジェットコースターや絶叫マシンに乗ったり、お化け屋敷に入ったりすると、二人が仲良くなれると言われる。女の子が「キャ〜！」と悲鳴をあげてしがみついてくれるハプニングが期待できるというような理由だけではなくて、きちんとした心理学的な裏付けがあるのだ。

次のような実験が行なわれた。

高さが七〇メートルもある吊り橋を男性に渡らせ、渡り終えたところで、ある女性と対面させる。そして、その女性の印象をたずねると、男性はその彼女に非常に魅《ひ》かれていることがわかった。

これは、吊り橋を渡るという恐怖によって、心拍数が上がったりする単なる生理的変化が、性的興奮にすり替えられてしまったことによる。

生理的変化と性的興奮の関係

また、自転車こぎのマシンを激しくこいだ後で、ポルノ・フィルムを見せて、性的興奮度を調べた実験もある。

自転車こぎをやめてポルノ・フィルムを見せた五分後に男性の性的興奮度が高まることがわかった。運動をしたために心拍数が高くなっているのだが、それを性的興奮だと錯覚してしまうのである。

このように、運動や恐怖心によってつくられた興奮が、女性が魅力的だから興奮しているのだと錯覚されてしまうという現象が実際に起こる。

したがって、女性といっしょにジェットコースターに乗った後や、激しいスポーツをした後などは、二人は結ばれやすいというのは事実なのだ。

〈恐怖や運動による興奮を、恋と錯覚する!?〉

心拍数の上昇が
恋のドキドキにすり替わる

04 並んで座るのは気がある証拠

座る場所で二人の関係がわかる

会議や食事などのとき、どこに座るかで、人間関係が垣間《かいま》みえることがある。

正面に向かいあって座った場合、間にはテーブルがあり、心理的な距離は遠い。しかも、視線がぶつかりあうことによって対立関係を生みやすくなることが知られている。

新幹線の座席や待合室など、知らない人間どうしがボディ・ゾーンを侵《おか》し続けなければならないときには、できるだけ対面しないように座席がつくられているのが望ましい。

これに対して、横に並んで座る場合は、ほぼ密着することになる。そして、心理的には対立関係にはならず、**二人が同じ方向を向いて、同じ対象を見ている状態は無意識的な連帯感を生む。**

横に並んで座ることで、一体感が生まれる

このことから、横に座ろうとしてくる人は、きわめて強い親近感を持っているか、あるいは、持ってもらいたがっているか、どちらかだと考えることができるのだ。

男女でも、テーブルをはさんで語りあっているうちは、まだまだ深い仲ではないだろう。**横に並んで座った場合、口数は少なくなるかもしれないが、二人は一体感を感じているのだ。**

〈向かい合うよりも隣のほうが仲良くなれる！〉

心の距離がある状態

心の距離が近い状態

同じ方向を向くと
連帯感が生まれる

05 浮気の嘘がバレるワケ

「いや、別に」はNG

別に浮気をしているわけではなくても、ちょっと親しい女性から電話があったことを奥さんに知られたりすると、二人の間にたちまち疑心暗鬼《ぎしんあんき》が生まれることになる。

「今の、誰?」なんて、何気ないふうを装って聞かれたとしたら、相当気にかけている証拠である。ここで、よくやってしまう失敗が、余計なことをしゃべるまいと、「いや、別に何でもない」などと答えを濁《にご》したりすることだ。

これによって疑念はさらに深まり、今後あなたのあらゆる行動が確実に疑いのもととなるだろう。

隠すべきことだろうと、隠すほどのことでなかろうと、何かを隠そうとして嘘をつくと、その嘘を繕《つくろ》うために、さらに嘘を重ねなければならないハメになるのは必至。

変に隠さず、はっきり言ったほうがいい

「接待でよく行くクラブの女の子でね。不景気で最近行ってないもんだから、向こうから営業かけてくるんだよ」ぐらいの、別に知られても構わないような無難《ぶなん》な事実ぐらいは、はっきり言っておいたほうがいいだろう。

「浮気しているのなら隠そうとするはず」という確信は誰にでもある。

自分に不利になることは口にするはずがないという心理のウラをかいてしまうのである。

〈やましいことがないときは無理に隠さない〉

あやしい

あやしくない

隠そうとすると嘘を重ねることになる

06 質問を切り返してごまかす

知られたくないことを聞かれたときは……

つきあっている相手の態度が最近ちょっとつれないと感じる。何とかして真実を知りたい。でも「他に男ができたんだろ？」なんて聞いて、もし間違いだったら、二人の仲は間違いなく破綻《はたん》である。そんなときは、「何か、隠しごとしてない？」と聞いて反応を見てみる。

「別に。あなたのほうこそ、何かあるんじゃないの？」なんて質問を切り返してきたら、かなりあやしい。あなたが「僕には何もないよ」と答えても、「だったら何でそんなこと聞くのよ？　あなたに何かあるからでしょう？」と、またまた話をそらされてしまう。

質問を切り返すのは、答えたくないこと、知られたくないことをごまかそうとする心理が生む反応なのだ。もし早口になっていたら、いよいよあやしいのである。

質問を質問で返されたときは何かがある

07 近くにいるだけで好きになる

遠距離恋愛の難しさ

アメリカの心理学者カーンは、話をする距離とお互いに抱く好意との関係についての実験を行なった。

一人の男性が五〇センチ離れて座っている女性と、二・四メートル離れている女性と同時に話をするように設定をする。この結果、男性は近くにいた女性に好意を抱き、女性も近くの男性に好意を持ったのだ。

また、結婚にいたるまでの間、お互いの住んでいる場所が離れていればいるほど、二人が結婚する確率は小さいという「ボッサードの法則」がある。

アメリカの心理学者ボッサードは、既婚カップルを対象に、結婚前にお互いが住んでいた場所の距離について調査をした。その結果、婚約中に住んでいた場所が離れていたカップルほど結婚する率が低くなった。

遠くの人よりも、近くの人を好きになる傾向は確かにあるようだ。「遠距離恋愛」はやはり難しいのだろうか。

ボッサードの法則

人は物理的に近い人に好意を抱く

08 相手を落とすなら暗闇を使え

暗闇だと男女が親密になる

アメリカの心理学者ガーゲンが、暗闇に男女を閉じ込めるという実験をやっている。

約三メートル四方の部屋に六～八人の男女を一時間ほど閉じ込め、その行動を調べた。

明るい部屋に入れられた男女は、互いに少しずつ離れたところに座り、当たり障《さわ》りのない話を続けた。そして、一時間の間、座る場所を変える人はほとんどいなかった。

一方暗い部屋に入れられた男女は、時間がたつにつれて会話が少なくなり、座る場所を変える人が多くなった。やがて、体に触ったり抱きあったりするカップルが出はじめた。結果として、男女がきわめて親密になったのだ。

暗闇が生む匿名性によって、照れずに大胆な行動に出ることができるのだ。

暗いバーでは警戒心がゆるむ

電車で同じボックスになった人などと会話を交わすときに、ふだん親しい人にもしゃべらないようなプライベートなことをしゃべっていて自分でも驚くことは多いだろう。

親しい人には、自分の体裁《ていさい》を保ち、いい面を見せる必要があるため、本当の自分というものをさらけ出せない。一方、たまたま通りすがりの他人ならば、プライベートなことまで安心して話してしまうのだ。

暗闇では、男女も警戒心がゆるみ、本音が出る。いいムードになりやすいのである。バーやクラブの照明が暗くしてあるのもこのためだろう。はたして男と女が親しくなるのは、夜である。例えば、残業をいっしょにした男女が仲良くなっていることは、よくあるもの。普通ならば一人でいるはずの夜の時間を二人で共有したことが親近感を育《はぐく》んだのである。

〈薄暗さが親密感を生む〉

暗闇が警戒心をゆるませる

09 結婚詐欺師に共通する特徴とは？

普通の男女関係とは異なる一方的な奉仕

結婚詐欺師たちは自分を魅力的に見せようとするのはもちろんだが、それ以上に女性を徹底的に立てる。もともと金を取るのが目的だから、相手の機嫌を絶対に損《そこ》ねないように、女性がこう言ってほしいと思っていることを、恥ずかしげもなく口にする。

普通の男女関係だったら出てこないような、ドラマの中でしか聞かれないようなセリフも平気で吐くのである。そして、女性の美意識をくすぐる。

結婚詐欺師たちは例外なくマメである。頻繁に電話をし、プレゼントをし、デートに誘う。

ここまで私のために時間を割《さ》いてくれる人は今までいなかった――そう女性は思ってしまうのだ。

もっとも、普通の会社員のように仕事をしているわけではないから、時間などはいくらでもあるのである。

甘い言葉でとりこにし、離れられなくさせる

普通の男女関係だと、ある程度つきあっていると、出会ったばかりの頃のように、甘い言葉をささやきあったりはしなくなるもの。

しかし、詐欺師は違う。

常に甘い言葉を投げかけて、女性をいい気分にさせてくれるのだ。

このやさしさで女性をとりこにしておいて、もう離れられなくなったところで、「あなたと結婚したい。けれども……」。

何らかの理由でお金が必要だと話を持ちかけて、多額の金銭を女性から奪うのである。

〈奉仕しつくして、女性をとりこにする〉

詐欺師が徹底的にやさしいのは、
すべて金のため

10 結婚詐欺師は美人を狙う

「高嶺の花」と思われて、美人は意外に孤独

結婚詐欺師たちは「美人のほうが騙しやすい」と言う。確かに、結婚詐欺にひっかかる美人は多い。美人であるがために、高嶺《たかね》の花だと思われ、男が寄って来ないということはよくあること。独身を通している美人は、何も候補が多すぎて独身でいるわけではなく、誰も近づいて来ないからだという場合も多い。また、仕事がバリバリでき、プライドの高いキャリアウーマンも男性に敬遠されがちだ。

人間誰だって孤独は辛い。誰かがそばにいてほしい。結婚願望もこの気持ちの延長線上にある。

結婚詐欺師は、そんな孤独感につけ込むのだ。そして例外なく、高収入でエリート、しかも容姿がよく、いわゆる「三高」を満たしているフリをする。女性のプライドを満たし、「この人こそ私にふさわしい人」と、またたくまに結婚詐欺にはまってしまうのである。

「孤独感」と「プライド」は
つけ込まれやすい

11 母性本能をくすぐる

多額の金銭を貢いでしまう心理

パイロット訓練生を装ってキャビン・アテンダントを騙した有名な結婚詐欺師がいた。「銀行に勤める友人の営業成績を助けたい」「交通事故で死んだ婚約者の母親の面倒をみる」などという名目で、女性から二〇〇〇万円もの金を引き出していた。

女性がこうも多額の金をやすやすと渡してしまうのは、なぜだろう。せっかく手に入れた男性の好意をつなぎとめておくために、進んで金を出すということもあるだろう。**しかし、ここには女性が本来持つ母性本能も大きく作用していると思われる。**

母親は子どもにいくら愛情を注いでも、どんな犠牲をはらっても、それによって本能的な快感を得るものだ。詐欺師との間にこういう関係ができてしまうと、自分からすすんで金銭を男性にさし出し、それによって満足して快感すら得てしまうようになるのである。

今会社が大変で
金が足りないんだ
どうしよう…
シュン…
貸してあげようか？
母性本能

愛情や犠牲を払うことが
本能的な快感に繋がる

12 第三者のほめ言葉が最強！

「あいつがほめてたぞ」が嬉しい

友だちから「××さんがお前のこと、なかなかステキだって言ってたぞ」なんて言われたら嬉しいもの。

人は誰だってほめられれば嬉しいものだが、同じほめられるにしても、直接言われても「お世辞だな」という疑念もわこうというものだ。一方、第三者からの伝聞情報として伝わってきたときのほうがより真実味があるような気になってしまうのだ。

こんな言葉がある。

「第三者の褒め言葉はどんな時でもいちばん効き目があるのよ、忘れないでね、いつかきっと役に立つわ」

『伯爵夫人はスパイ』（アーリーン・ロマノネス著）という自伝的スパイ小説に登場するウィンザー公爵夫人の言葉だ。これにちなんで、**第三者からの伝聞のほうが、直接言われるよりも効果が大きいということを「ウィンザー効果」と呼んでいる。**

意中の人に気持ちを伝えるためには、第三者を通じて話が伝わるようにしたほうが、相手の心をつかみやすいと言うことができる。

効果の大きいほめ方とは？

さて、次のような実験がある。

アメリカの心理学者アロンソンとリンダーが「たまたま自分のうわさ話を聞いたとき、自分のことを話していた人にどんな印象を持つか」を調べたものだ。この調査では、次の四タイプのうわさ話が利用された。

①終始「優しい人だ」「親切だ」「大物だ」などとひたすらほめちぎる。

〈ほめ言葉は第三者を通じて伝えると効果的〉

②はじめは「平凡なタイプだ」「情報をもっていない」「話がヘタ」などとけなしておいて、その後で①のようにほめる。

③終始、相手をけなす。

④はじめはほめておいて、その後けなす。

一度けなしてからほめると効果的

この四タイプのうちで、もっとも悪いイメージを抱かせたのは④だった。**いったんおだててからけなすのは、プライドを大きく傷つけられるためにダメージが大きいのである。**

最もよい印象を与えたのは②だった。

つまり、ほめてばかりいられるよりも、いったんけなされてからほめられたほうが、いい印象を受ける。**いったんけなすという行為で話の客観性と、お世辞ではないという印象を与えておいて、ほめるところがプライドをくすぐるのであろう。**

もっとも、人の口を経るあいだに、けなす話ばかりが拡大されていくこともありえるので、その内容は当たり障りのないものにしたほうがいいようだ。

13 二十分遅れそうなら「三十分遅れます」と言う

遅刻をしても逆に好印象を抱かせる方法

デートに二十分ほど遅刻しそうになって相手の携帯電話などに電話をするとき、たいていの人は少々サバをよんで「あと十分で着くから」とか「今、すぐ近く」とか言ってしまいがちである。

しかし、実際に到着するのが二十分後になると、相手に与える印象は「まず遅刻したことで約束を破り、そのうえその後の電話での約束も破った」ということになり、二重に悪印象を与えてしまうのだ。

そんなときは思い切って「三十分遅れる」と言ってしまうことだ。

そして、それよりも十分早く着いていれば、相手はむしろ「早かったわね」という気持ちになるものだ。さらに、「私のために急いで来てくれた」などと思ってくれるかもしれない。遅刻をしたことによる悪印象を与えず、かえってよい印象を与えることになる。

サバをよんで
「あと10分」と言わないこと

14 親しい人に見られていると気が大きくなる

「ナンパは二人組を狙え」の根拠

「あなたを男と見込んで、お願いします」と頭を下げられたとき、横に自分の恋人がいたらどうだろう？　大の男が頭を下げて涙ながらに頼んでいるのに、冷たくあしらうことは、きっとためらわれるはずだ。

たとえ、その恋人が「そんなの断っちゃいなさいよ」と思っていたにしても、男としては、何となく自分が頼りにされているところを見せたくなるものだ。

親しい人といっしょにいるときは、その人にいい所を見せたくなる心理が働き、自分の評価を下げるような行動を避ける傾向がある。

ナンパのテクニックに「二人組を狙え」というのがある。二人組でいる女の子に声をかける。彼女たちはお互い相手より「進んでる」とか「物事をよく知ってる」ところを見せようと見栄《みえ》を張りあい、つい軽はずみな行動に走ってしまう。それを男は利用するのである。

親しい人には「いい所」を見せたくなる

15 「コンピューターが選びました」は有効か？

自分にも同程度の魅力があると思えば大胆になれる

「コンピューターが最高のお相手を選びます」という言葉は、良縁紹介業の広告によく見られる。実際に性格の釣り合いや好みの合う合わないという点は別として、「コンピューターお見合い」の心理的な側面に注目してみよう。

普通のカップルでは、「同じ程度の魅力を持った人どうしは結びつきやすい」という法則がある。これは「マッチング仮説」と呼ばれる。

自分より魅力的な相手には、交際を申し込んでも断られるかもしれないという恐れがあるからアタックせず、かつ、自分より劣った相手にはプライドが働いて魅力を感じないからアタックしない。よって自分と同じ程度の相手にアタックする確率が高くなるからだとされている。

「マッチング仮説」が成り立たなかったのはなぜ？

アメリカで大学の新入生歓迎パーティーを利用し、次のような実験が行なわれた。実際はデタラメに選んだ三七六組のカップルを「コンピューターが選んだカップルだ」と本人たちには伝えてパーティーに参加させ、中休みの間に、「相手がどれぐらい好きか？」「今後もデートしたいと思うか？」という質問をした。

すると、本人の身体的な魅力のあるなしにかかわらず、相手が魅力的ならばその人を好ましいと感じ、今後もデートしたいという希望も多かった。反対に、相手が魅力的でなければ、好意も持たずデートをしたいという希望もなかった。

つまり

自分よりも魅力的な相手にアプローチできる！

〈「コンピューターが選びました」の効果〉

さらに、それから六カ月後に、半年間のうちにデートした回数を調べたところ、身体的な魅力の優れた女性ほど、男性からのデートの申込み回数も多かったことがわかった。

つまり、自分の魅力のいかんにかかわらず、相手が魅力的ならば果敢にアタックしていったという男性の姿が目に浮かぶ。ここではマッチング仮説は成り立たなかったのだ。

コンピューターが与えた自信

これは、魅力的には劣る男性も「コンピューターが選んだのだから」という自信が作用して、自分よりも魅力的と思われる女性にアプローチすることができたからではないかと考えることができる。

コンピューターの神通力《じんつうりき》がどの程度通じるものかはあやしいものだが、「占いで出たから」と同じ程度には人間に自信を与えてくれるものだということは確からしい。そんな意味で、あやしげな占い等も、その真偽がどうであれ、結果よければすべてよし、ということか。

16

やっぱり瞳は嘘をつかない!?

コトバとは裏腹に、瞳の輝きが本心を語る

恋人を見つめる女性のうるんだ瞳、赤ん坊をあやすときの母親の瞳、いずれも輝いている。これは雰囲気で単にそう見えるというだけでなく、**物理的に瞳孔《どうこう》が拡大しているからであることがわかっている。**

アメリカの心理学者ヘスがこのことに気付いたのは、薄暗い部屋で動物写真集に見入っていたときのこと。妻から「あなたの瞳孔がものすごく大きくなっている」と言われたのである。瞳孔の大きさが心理的な要因で変化するのではないかと予測したヘスはさっそく実験を行なってみた。

すると、女性の場合は、赤ん坊や男性のピンナップ写真を見せたとき、瞳孔が二〇%前後拡大することがわかった。男性の場合は、男性や赤ん坊の写真を見せてもほとんど変化しないが、案《あん》の定《じょう》と言うべきか、女性のピンナップ写真を見るときには瞳孔が二〇%拡大したのである。

興味があると瞳孔は大きくなる

自分が興味や関心を抱いている対象を見るときには、実際に瞳孔が拡大し、そのために瞳がらんらんと輝いて見えるのだ。

相手が口では「すてき!」などと言っていても、瞳が小さくなっていたら、本心はどうかわからない。反対に口では「いやです」などと言っていても、瞳が輝いていれば、そうでもない証拠だ。

ベテランのセールスマンは、相手の瞳孔の大きさの変化を見逃さない。

「いりません」と口では言っていても、瞳孔が大きくなっていれば、少しは脈のある証拠だと見なして、もう一押ししてみるのだという。

〈興奮すると瞳孔は大きくなる〉

瞳で心を読まれることもある

装丁：根本佐知子（梔図案室）
カバーイラスト：CSA Images
イラスト：桂 早眞花
編集協力：株式会社エディング

＜著者紹介＞
樺 旦純（かんば わたる）
思考心理学者、評論家、著述家。
岩手県生まれ。産業能率短期大学で人事労務関連教科を担当。同大学経営管理研究所で創造性開発・能力開発の研究、指導（兼任）に携わり、産業教育研究所所長を経て、現在に至る。企業などの社員研修、能力開発を全国規模で精力的にこなすほか、わかりやすい語り口のセミナー・講演も人気を博している。
著書に『"聞き上手"だけでは相手にのまれます』『まわりを不愉快にして平気な人』（以上、青春出版社）、『読むだけで記憶力がグングン高まる！』（ロングセラーズ）などがある。

※本書は2006年3月刊『ダマす人、ダマされる人の心理学』（ＰＨＰ研究所）を改題し、再編集したものです。

［図解］
ヤバいほど使える！ 黒い心理学

2017年9月29日　第１版第１刷発行

著　者　樺　旦純
発行者　後藤淳一
発行所　株式会社ＰＨＰ研究所
東京本部　〒135-8137　江東区豊洲5-6-52
ビジネス出版部　☎03-3520-9619（編集）
普及一部　☎03-3520-9630（販売）
京都本部　〒601-8411　京都市南区西九条北ノ内町11
PHP INTERFACE http://www.php.co.jp/
組　版　株式会社エディング
印刷所　株式会社精興社
製本所　東京美術紙工協業組合

ISBN978-4-569-83689-8